岡田彰布

# 動くが負け

0勝144敗から考える監督論

GS

JN263183

動くが負け／目次

## 第2章 不動の戦略――監督の仕事は、試合前にはほとんど終わっている

## 第4章 育てながら勝つ――2軍監督の極意 123

## 第5章　監督はつらいよ——コーチ、選手とのコミュニケーション法　147

構成　小澤昭博

序章

# 岡田オリックスの船出

## オリックス初の交流戦優勝

6月上旬、関西のスポーツ新聞各紙に、こんな言葉が躍り始めた。

「アレよ」

オリックス・バファローズの交流戦優勝が現実的になってきた頃から、私は「優勝」という言葉を、意識的に封印するようにしていた。

その理由は、阪神タイガースの監督時代に遡《さかのぼ》る。

2年前の2008年、阪神も交流戦で順調に勝ちを積み上げていた。

優勝が近づいたある日のミーティング、あるコーチが、「ここまできたら、交流戦優勝するぞ！」と選手たちにゲキを飛ばした。だが、その途端、チームの流れが悪くなり、結局、優勝を逃してしまったことがあった。選手たちは「優勝しなければならない」という意識が過剰になって、いつもどおりの野球ができなくなってしまったのだ。

その時のことを思い出した私は、今回、「優勝」をNGワードにしたのだ。

すると、オリックスの担当記者連中も歩調を合わせて、「岡田監督、狙うは優勝」とはせずに、「岡田監督、狙うは〝アレよ〟」と置き換えてくれるようになった。

なぜ、優勝という言葉が、「アレよ」になったのか……。それは私が、記者会見などで優勝という言葉を、そう置き換えていたことからきているのだろう。

ある日の新聞では、交流戦優勝の可能性について記者に聞かれたオリックスの宮内義彦オーナーまでもが、こんなコメントをしてくれていた。

「私も岡田監督に倣《なら》ってあの言葉は使いません」

2010年6月13日、オリックス・バファローズは、横浜との交流戦最終戦に勝利し、球団史上初めての交流戦優勝を決めた。今季から監督に就任した私にとっても、初めての戴冠ということになった。

交流戦の通算成績は16勝8敗。この交流戦が始まる前まで6つの借金があったのが、2つの貯金を作ることができた。

交流戦だけとはいえ、優勝を勝ち取るのは、簡単ではない。優勝を達成するためには、チームが三位一体でなければならない。

フロント、現場、選手。この三位が一体となり、初めてチームが優勝という目指すべき方向に走り出せるのだ。この交流戦の最中、「勝ちたい」という気持ちが日増しに強くなったチームは、優勝という言葉など使わなくても、皆が同じ方向を向いて、同じ温度・同じ空気で戦えていた。

すべての選手の名前を一人ずつ挙げながら振り返ることはできないが、それをしてあげたいほど選手たちは本当に頑張っている。

非情ともとれる1、2軍の入れ替えも行った。これまでスター選手といわれてきた選手でも、不調とあらば、問答無用で2軍降格を言い渡した。

しかし、すべてはシーズン優勝を摑《つか》み取るための荒療治と考えてほしい。もちろん、選手が憎いわけでも、力を否定しているわけでもない。

私の目指す方向性を、選手たちが自分たちの肌で感じ始めてくれたことが何よりも大きいし、そこに手ごたえを感じている。

交流戦優勝のウイニングボールを、交流戦から抑えになった岸田が差し出してくれたが、私は「そんなんいらん!」とボールの受け取りを拒んだ。

とうの岸田は「交流戦の優勝なんで、有難うと受け取るとは思いませんでした」と、笑って話していたようだが、私の目指す野球、私の思いが選手にも浸透してきたのは間違いない。それが、交流戦優勝というひとつの成果として表れたのだと思う。

## 井箆重慶さんからの電話

さて時は1年ほど遡るが、改めて私がオリックスの監督を引き受けることになった経緯を説明しておく。

親しい仲間が「岡田彰布を囲む会」を催してくれたのは、2009年8月17日のことだった。

真夏の暑さもそれなりに和らいできた夕刻、東京・品川の船着場に皆が集まった。そこから屋形船に乗り、お台場から隅田川を遊覧するコース。集まってくれたのが気兼ねしないメンバーだったこともあり、乗船前から缶ビールで乾杯し、船に乗ってからは宴会で盛り上がった。すっかり夜の帳《とばり》が下り、さっきまでエサを貰おうと船の周りを飛び回っていたユリカモメたちの姿も見えなくなった。宴もたけなわ。もうまもなく出港した品川の船着場に戻ろうかというところで、私は中締めの挨拶に指名された。集まってくれた皆が喜びそうな話がいいだろう。

「今は来年に向けた準備期間です。たっぷり充電して、来るべき日に備えます!」

船の中には割れんばかりの拍手が沸き起こった。拍手の大きさ、皆の表情を見ていれば私の現場復帰を切に望んでくれているということが伝わってくる。

この楽しい場を盛り上げるために選んだ言葉が、数日後に現実のものとなった。私自身もこれほどの急展開を迎えるとは思っていなかった。

2009年8月21日、阪神対広島のナイトゲーム。私は地元テレビ局の中継で解説を担当した。試合が終わり、デイリースポーツのコラム「岡田の法則」を書き上げてその日の仕事は終了。担当記者に見送られマイカーで帰宅の途に就いた。

自宅に戻りいつものようにまずは缶ビールで渇いた喉を潤し、しばらくソファーでくつろいでいると「オリックスの井箟《いのう》さんから電話があったわよ」と妻が言ってきた。

私はピンときた。「監督就任要請の電話や」と。

現在、オリックスのスペシャルアドバイザーを務める井箟重慶さんは、1989年に一般公募でオリックス野球クラブ常務に着任し、翌90年からは球団代表に就任された。私もオリックスに在籍した94年〜97年の4年間、井箟さんには大変お世話になった。

山陽新幹線の新神戸駅に隣接するANAクラウンプラザホテル神戸でお会いする約束をし、当日私は1人で待ち合わせ場所に出向いた。

数日前のスポーツ新聞に「オリックス、来シーズン新監督招聘《しょうへい》へ」という見出しが出ていたタイミングでもあり、気持ちの整理はある程度できていた。

井箆さんの口から出たのは、ずばり「オリックスの監督として岡田さんをお招きしたい」という言葉だった。その口調からは、強い気持ちをヒシヒシと感じた。

そして話は、私と阪神との契約のことに移った。井箆さんは、私が監督を辞めた後も、阪神となんらかの契約が残っているのかどうかを気にしていたのだ。

私は単刀直入に「障害は何もありません」とお答えした。

今だから話せるが、実は阪神の監督を退く時、球団側は「アドバイザー」という肩書を私に用意してくれていた。

あれは、阪神タイガース監督退任後の２００８年11月、高知県安芸市で行われていた阪神秋季キャンプに、解説者・評論家として初めて取材に出向いた時だった。

キャンプ地の球団本部で行われた真弓新監督との対談を終え一息ついていると、球団社長からそういった話を持ちかけられた。立場的には星野仙一ＳＤ（シニアディレクター）に近いものだという。

しかし、その要請はその場できっぱりとお断りさせていただいた。私と星野さん、２人の監督経験者が球団に残るのはあまりにいびつで、真弓新監督がやりにくくなるだけだと思ったからだ。

## 2度目の交渉

オリックスと再び交渉のテーブルについたのは、数日後のことだった。その席にはオリックスの宮内義彦オーナーも同席されていた。マスコミがこの交渉に感づき始めていたこともあり、慎重に行動する必要があった。

六本木にある高層ビルの最上階の一室に、宮内オーナー、井箟さん、そして私の3人だけが顔を揃えた。

宮内オーナーは、オリックスグループの頂点に立つ、オリックス野球クラブのオーナーである。財界きっての野球通としても有名だ。

宮内オーナーは、オリックスが1996年のリーグ優勝以降、13年間優勝から遠ざかっていること。監督が1年ごとに変わってしまうこと、そして2009年は5位ロッテと7・5ゲームも引き離されての最下位に沈み、常勝チームとしての基盤を失ってしまったことを嘆いていた。

そして「とにかく勝てるチームにしてほしい。ある程度長い期間、監督をやっていただけないか」とチーム全体の再建を託された。

また、「オリックスOBから、次の監督候補になりうる人材を育てなければいけない」

という将来的な展望も話題にあがった。

この時点では私もまだ当時のコーチ陣がどれぐらいの能力を備えているのかも把握できておらず誰が適任者なのかは即答できなかったが、まず頭に名前が浮かんだのは、長年メジャーリーグで活躍してきた、田口壮だった。

阪急電鉄からオリエント・リースに球団が譲渡され、「オリックス・ブレーブス」としてスタートを切ったのが１９８９年のこと。

91年にドラフト1位でオリックスに指名され、２００2年にメジャーに移籍するまでオリックス一筋で活躍してきた田口は、生え抜き選手の一人と言っていい。

宮内オーナーの話からは、中長期的視野に立って、常勝チームを築いてほしいという熱い思いが伝わってきた。

## ユニフォームを着てこそ、目標を語れる

オリックス監督就任を決めた理由はいくつかある。

ひとつは「一番動ける年齢」だということ。１９５7年11月25日生まれの私は、今年のシーズン後に53歳になる。

阪神の監督を退いて、1年間、解説者・評論家としてスタンドから違う角度で野球を見ていたが、歯痒《はがゆ》さを感じていたのも事実だった。

解説者という仕事が性に合うとか合わないとかではなく、やはり、現場で指揮を執っているほうが、ファンの皆さんにも私が考える野球観やメッセージをダイレクトに伝えやすい。

2008年に、阪神の監督を辞任した時、ファンの皆さん、また関係者の皆さんから、「今年辞めずに来年リベンジすればいいじゃないか」と激励をたくさんいただいた。

これはどこにも語っていなかったが、私が辞任した理由はひとつだけだった。

それは、「あれ以上の野球はもうできない」と思ったからだ。

あのシーズンは、もう誰がなんと言おうと最高の野球をしたという自負がある。あれ以上の野球は今後もできないと思う。

だから余計にキッパリと自分自身の進退を決めることができた。

阪神が巨人に13ゲーム差をひっくり返されて優勝を逃したのは紛れもない事実だが、それは巨人が阪神以上に素晴らしかっただけ。あのシーズンの戦いには何の悔いもない。

阪神の監督を辞任した後、「次にいつ監督になれるか、不安じゃなかったのですか」と聞かれたことがあるけれど、次のことなど考えてもいなかった。

私はあの時点では「阪神の監督を辞任すること」しか考えていなかった。

解説者、評論家活動を何年やろうかなどということもまったく念頭になかった。

監督業は保証などない職種。だからこそ次のことを考えずに全力でぶつかっていくのが私のスタンスだった。

プロ野球界では、引退が近くなれば就職活動をする選手もいるし、ユニフォームを脱ぐ可能性が高まれば即座に就職活動を始めるコーチもいる。それが間違っているとは思わない。私の生き方がそうでないというだけだ。

今まで長い間、「阪神で日本一」を達成することが、私の宿命や悲願のように語られてきた。

だが「阪神で日本一」という目標を語ることができるのは、阪神のユニフォームを着ている人間だけだ。つまり、監督を退いた私にそんな権利はない。

だったら、ユニフォームを着るチャンスをくれたオリックスの優勝に全精力を注ぐだけだ。

2009年10月14日、京セラドーム大阪での入団会見でも語ったが、今、優勝するチャンスがあるのは、ユニフォームを着ることができたオリックス監督としてだけなのだから。

私がオリックス監督に就任したことで、「近い将来の阪神監督はなくなったのだな」と考える方もいるかもしれない。しかし、私は「阪神を去る」とか「阪神に別れを告げた」などとは一切思っていない。

私にとって阪神は特別な存在である。その点だけは変わらない。

## 阪神タイガースと私

私は物心ついた時からの阪神ファン。

オヤジが阪神の選手と親交が深かったこともあり、阪神の選手が身近にいることが当たり前の生活だった。

村山実さんの引退試合の日はキャッチボールもしてもらったし、甲子園球場の三塁側ダッグアウトの上に陣取り、巨人の選手に野次をとばしたこともあった。

亡くなったオヤジの願いは、私が早稲田大学に進学して東京六大学野球で活躍し、甲子園球場で阪神タイガースのユニフォームを着て躍動することだった。

私自身も、早稲田大学に進学して阪神タイガースに入団することは、自分の運命であるとかたく信じていた。

憧れだった早稲田大学の合格発表の時もオヤジと2人で新幹線に乗り東京へ向かった。その東京へ向かう車内アナウンスで「大阪の岡田様、電話が入っています」と呼び出しがあった。何か身内に不幸でもあったのかと驚いて車掌室に出向いてみるとオフクロからの電話で「早稲田大学に合格している」との知らせだった。東京にいた知人が一足早く合格を確認してくれて、いてもたってもいられず連絡をしてくれたようだ。そこから東京に着くまでの車中はオヤジと2人で合格祝いの小宴となった。

オヤジは草野球チームの監督もしていたが、このチームは大阪市内でもかなりの強豪だった。中学時代、私はこのチームのエースとして投げていたが、バックは阪神のOBの方、私が打たれて「しまった！」と振り返ると、流れるようなボールさばきでダブルプレーを成立させてくれた。守りの大切さは、もしかしたらこの頃、体に染みついたのかもしれない。

そして、希望どおり阪神にも入団し1985年には日本一も経験した。2005年には監督としても優勝を経験させてもらった。

生粋の阪神ファンが阪神の選手になり、監督になった。阪神とともに歩んできた人生といっても過言ではない。

しかし私は今回、誰よりも愛着の深いその阪神を離れ、パ・リーグとはいえライバル球団の監督に就任し指揮を執ることを決断した。

私は人生の先読みはしないと決めている。

野球に関しての先読みは常にしていくけれど、自分の人生の先読みをする必要はない。一年一年が勝負のプロの世界に生きているのだから。

決して行き当たりばったりで決断しているわけではないが、私を評価して現場に招聘してくれるのは、あくまで他人だ。自分からその青写真を描くことはしない。

## 16年前の阪神の仕打ち

今回の監督就任に関してはっきり言えるのは、オリックス以外の球団からのオファーなら受け入れなかったということだ。

オリックスには現役時代、一緒に汗を流した仲間たちがコーチやフロントとして残っている。指導者としてのスタートを切らせてくれたのもオリックスだった。

だからオリックスに行くことへの抵抗などまったくなかったし、パ・リーグで戦うことの不安もなかった。

実は、2009年春にパ・リーグのある球団の方から、非公式に監督就任の打診を受けたことがあった。しかし、この時は、私は丁重にお断りさせていただいた。

これで阪神を離れてオリックスに行くのは、2回目になるわけだが、現役時代に移籍した時の心境と、今回の心境はまるで違う。

今だから話すが、現役時代に阪神からオリックスに移籍した時は、胸の中に釈然としない気持ちが渦巻いていた。

当時の阪神は、私を引退させてスコアラーにしたいと考えていたようだった。

「ようだった」というのは、そのことを私は新聞報道で知ったからだ。阪神を退団することが決まった時も、球団のトップからそういう話はまったく出なかった。

私はその時現役を続けたいという気持ちが強かったし、もし、そういうオファーが来ても受けるつもりはなかったが、釈然としないというのは、スコアラーを経験してから、コーチや監督という指導者への道を歩んだ人間は、阪神には過去に一人もいなかったからだ。

これまでの阪神の首脳陣の顔ぶれを少し思い出していただきたい。私より後輩の選手で、スカウトやスコアラーを経験してからコーチ、監督になった人間がいるだろうか。

コーチになる人間は皆、引退後にすぐにユニフォームを渡されている。

阪神の生え抜きOBを見渡してみても、私より8歳上の中村勝広元監督までの間で、コーチを経験したのは佐野仙好さんだけである。わずかに1人。あとは全員、他球団からの外部招聘コーチだ。

阪神で育ち、阪神を知り尽くし、阪神に貢献してきた人材を、引退後にどう生かしていくのか。それは球団の責任だ。指導者になる素養をもった人間を、球団側が明確なビジョンをもって育成していかなければならない。それがないから、阪神は生え抜きの指導者が極端に少なくなってしまったのだ。

次の生え抜き監督は誰？　生え抜きコーチは誰？　他球団に比べても、挙がる名前の数が圧倒的に少ない。真弓監督も阪神OBではあるが、阪神の生え抜き選手ではない。それが阪神タイガースの現実なのだ。

2004年に阪神の監督を受諾した時、「次の監督になれる人材を育ててくれないか」とある球団幹部に言われたが、私は「監督までできる人材はいません」と、伝えた。

監督は教えてなれるものじゃない。阪神には今でこそ生え抜きのコーチも出てきたけれど、生え抜きを指導者として育成していくという流れがしっかりと築けないまま、長い時間が過ぎていった。コーチ育成の流れを構築できなければ、監督が辞任すると、次もまた一からチームを作り直すことになってしまう。これでは長期にわたりチームを常勝軍団に導いていくことは難しい。

これだけは間違えないでほしい。チームにおける一番の財産は選手なのだ。現場で戦うのは選手であり、今後一番長く球団に関わっていくのは選手なのだから。選手が指導者となり将来チームに残っていく。だからこそ球団は選手の指導者としての資質をしっかりと見極めたうえで、その流れを作っていかなければならないのだ。

# 第1章　守りの野球

## ――勝つための選択

## 解説者として学んだこと

２００９年は、初めて解説者・評論家として活動をさせていただいたが、この経験は私の監督としての引き出しを増やしてくれた。

私が考える良い解説者は、「ほんまのことを言う解説者」。野球中継を見ていると、解説者がチームに対してゴマを擂《す》っているように聞こえる時がある。私は視聴者の皆さんに対して、プロ野球の実情をそのままの温度で伝えることを何より大切にした。

私は阪神ＯＢで、阪神の試合を解説することが多かったが、常に五分五分を意識し、阪神を贔屓《ひいき》するような話の進め方はしなかった。

「日本一おもろい解説」と週刊誌で取り上げられたこともあったが、私自身、面白いことを喋ろうなどという意識はまったくなかった。ただ、視聴者の皆さんに「プレーを見る準備」の手助けをしようと、考えていたにすぎない。

代打の出しどころや投手交代のタイミングなど、試合のポイントで監督や選手がどういう心理状態で、次に何をしようとしているのか。それを視聴者の皆さんにもベンチにいるかのごとく体験してもらう。お茶の間にいながら、グラウンドの空気を共有できれば、最高の野球観戦になるのではないか、そう考えたのだ。

解説者がその場面の推測をして、現場の監督が振るった采配と違う読みになってしまうことはまったく問題ない。現場の監督がその作戦を選択しただけであって、作戦などは幾通りもあるのだから。

放送禁止用語にも十二分に配慮していた。

気になる用語はすぐにアナウンサーに確認した。テレビ局のスタッフも私が言葉への意識を強く持っているので、最初の頃は驚いていた。私は普段のたわいもない会話の中でも間違った言葉遣いをする人間がいたら、すぐにツッコミを入れてしまう。

「小さな小皿を持ってきてもらえますか」

「小皿に『小さな』は付けなくてもいいやろう」

言葉の持つ影響力は、思っている以上に大きい。だからこそ、正しい日本語を認識し、適切な言葉選びをしなければならない。

監督という立場もそう。選手に対し、またファンの皆さんに対し、常にメッセージを発信し続けなければならない。

ネット裏から野球を見ることで、さまざまな発見があった。

例えば、巨人。自分が戦っていた頃は、良く言えば豪快に、悪く言えば大雑把に見えていた巨人の野球が、放送席、記者席というネット裏のど真ん中から客観的に見たら、実にやるべきことをきちんとやっていた。

送る時はしっかり送るし、そこにエンドランなどの小技も絡ませてくる。だから良い結果が出る。

阪神監督として対戦していた時以上に、巨人の選手は細かい野球ができているように見えた。だからこそ、２００９年のシーズンはあれだけの強さを発揮できたのだ。

中日も、落合監督が就任してからのここ数年、やろうとしている野球は変わっていない。選手にもそれが根付き、同じ野球をやり続けている。だから毎年安定した戦いを続けることができ、結果として良い成績を残していけるのだ。

チームがどういう野球をしたいかという形がしっかりしているし、野球が根本から変わってしまうような戦力補強もしない。

戦力補強に関しても、T・ウッズと中村（紀洋）を放出しながらブランコと和田がしっかりそこを埋めて戦っている。選手の名前は変わっても戦力に変化はない。だからこそ同じ戦術を用いることができて、同じ野球を遂行できる。勝利に対する計算ができるから、一定の成績が残せていけるのだ。

## 守りの野球に必要なもの

野球で一番完璧に近づけることができるのは、守備である。

チーム打率は3割にすら届かないが、守備率は限りなく10割に近づけることができる。それを考えれば、まずディフェンスを中心としたチーム作りに着手することが、勝利への近道になる。

守備におけるミスが少ない、守備率もいいチームは「守りながら相手を攻める」ことができる。守りのいいリズムを保ったまま、攻撃に臨めるので、得点する可能性まで高まるのだ。

よく言われることだが、守備の中心になるのはセンターライン。

ピッチャー、キャッチャー、ショート、セカンド、センター。ボールに絡む機会が多い、このポジションがしっかりしているチームは守備の強いチームと言える。

ファースト、サードは、代役が比較的務めやすいポジションだ。

外国人選手がこのポジションを務める場合が多いのも、そういう理由からきている。

しかし、センターラインの代役というのはなかなか出ない。外野だったら、どこでも大して変わらないように思えるかもしれないが、センターはほぼ専門職に近い。例えばセンターはレフトとライトに指示を出し、外野全体に関与しながら自身のプレーもこなしていかなければならないのだ。

逆にセンターライン以外の選手は、複数のポジションを守れなければならない。現代野球においては、それがレギュラーとして生き残るためのひとつの条件である、と言っていいくらいだ。

理想はセンターラインを不動のメンバーで戦い抜くことだが、シーズンを通してセンターラインを不動で戦い抜けるチームはまずない。ケガもある、打撃の調子が落ちた時は、代打も出さなければならない。

だからこそセンターラインに入る選手には「守る・打つ・走るの三拍子」が他のポジション以上に求められてくる。キャッチャーにまで俊足であれとは言わないが、それでも勝負どころだからといって、簡単にキャッチャーに代走は出せない。

このセンターラインがぶれていれば、常勝軍団の構築など夢物語に終わってしまう。

## パ・リーグにセ・リーグの野球を持ち込む

パ・リーグはいままで、大味で豪快な「打たれたら打ち返す」いわゆる「行ってこい」の勝負というイメージがあったけれど、やはりきっちりとした野球をするチームが勝つ時代になった。

言い方を変えれば「セ・リーグの野球を持ち込んだチームが勝てるようになった」のだ。

その代表はやはり北海道日本ハムファイターズ。2003年に、トレイ・ヒルマン氏が就任した時から、チーム力が目に見えて安定した。その象徴がバントだ。

ヒルマン監督は、誰もが「なんでこの時期から」と感じる、キャンプインしたばかりの2月から、徹底してバント練習をさせていた。

遡れば、1982年から1994年にかけて西武ライオンズを率いた、巨人出身の広岡監督、森監督は、セ・リーグからパ・リーグに細かい野球を持ち込んで、黄金時代を築き上げた。それ以降、パ・リーグも細かい野球に変化しつつあるけれど、それでもセ・リーグのほうが、まだまだ緻密だ。

一塁にランナーが出塁して、後続打者のつなぎでホームにかえすのがセ・リーグの野球。

ランナー一塁でも長打でかえすのがパ・リーグの野球。こうたとえてもいいかもしれない。

パ・リーグには、語りつがれる名勝負がいくつもある。

ロッテの伊良部秀輝が158キロのストレートを投じ、西武の清原和博が待ってましたとばかりにフルスイングをする。

ファンはその瞬間を面白いと感じるのかもしれない。でも試合に負けてしまえばファンはいずれ離れていく。

一瞬の喜びを与える力勝負はいらない。勝つためには、逃げるところは逃げまくらなければいけない。まず、チームの勝利が最優先事項なのである。

チームが勝つからファンが増えて、そして初めて、スターが生まれるのだ。

個人の勝負を優先しているチームからは、いずれファンも離れていく。

昨年のオリックスは、ヒット数や打率の高さがそのまま得点に反映しなかった。

チーム打率がリーグ2位の2割7分4厘なのに、得点がリーグ最下位というのはありえない。

ランナー一塁でもホームランで2点。ランナー三塁でもホームランで2点。そういう点の取り方が体に染みついていたら、ランナーの心理にしても、次の塁に進む、チャレンジするという意識が希薄になってもしょうがないのかもしれない。

今季のオリックスは、もちろん細部にこだわったキッチリとした野球を目指している。例えば、開幕第2戦の楽天との試合、6回2点ビハインドの状況で、私は8番日高、9番大引に代打を送った。

好投を続ける相手先発の田中将大が、我々の下位打線を迎える場面だ。

セ・リーグなら投手の打順だから、当然代打を送って反撃態勢を整える。

しかし、DH制で投手が打席に入らないパ・リーグの野球は、そのままスタメン選手で戦い続けるのがセオリー。だが私はあえて代打を送った。

スタメンで出場している打者が抑え込まれてきたからビハインドの状況が生まれているわけだ。ならば相手投手が対戦していない打者のほうが、多少なりとも投手に神経を使わせるはず。もし、その回に点が取れなかったとしても、後々に繋がるジャブになる。さらに、ベンチに控えている選手にもやりがいを与えることができる。

私の作戦はみごとに的中した。その後、好投を続けていた田中を8回途中でマウンドから引きずり降ろし、逆転勝利を収めることに成功し、開幕2連勝のスタートにつなげた。

私がオリックスにおいてどういう野球を展開していくべきなのか、答えはひとつ。

「セ・リーグの野球をパ・リーグに持ち込むこと」

今シーズンの戦いで、その形をお見せしていきたいと思う。

## ローズの抜けた穴は戦力ダウンではない

昨年のオリックスは首位・日本ハムとは26ゲーム、5位・ロッテにも7・5ゲームの大差をつけられて最下位に終わった。

解説者として試合を見たのが1試合だけだったこともあり、監督に就任した時点では、オリックスがなぜこれほど負けてしまったのか、その分析もまったくできていない状態だった。

ただ、外国人野手に関して言えば、大砲4人は多すぎたのではないかと思う。

ローズ、カブレラ、ラロッカ、フェルナンデス。

監督は現有戦力の能力を把握し、その中でどういう戦略・戦術を立て長いシーズンを勝ち抜くかを考えるものだ。とは言うものの、監督それぞれに基本線となる戦い方があって、私の場合は、「投手を中心にした守りの野球」となる。

外国人野手を獲得するのは、打撃に期待しているからだ。もちろん、ある程度の守備力もなければ困るが、まずはチームの勝利のために「打ってくれること」が優先になる。

その外国人野手が4人もいると、打撃に対する期待感は膨らむが、ややもすると、守備や走塁に対する不安のほうが大きくなってしまう。

今シーズン、タフィ・ローズがオリックスから去った。

日本球界で13年プレーし通算464本塁打、本塁打王4回、打点王3回。2009年シーズンも出場試合は84試合にとどまったが、22本の本塁打を放っている。

これまで彼が残した実績を考えれば、もし、今シーズンもチームに残っていたとしたら、ある程度の数字は残していたに違いない。

しかし、私はローズの退団は、戦力ダウンとは思っていない。逆に、チームが良い方向に回ると思っている。

ひとつは、ローズが抜けたことにより、T—岡田が一塁を守ることができるようになったこと。仮にローズが残留していれば、3番DHローズ、4番一塁カブレラ、5番三塁ラロッカ。クリーンアップ3枚がこの並びになった可能性がある。ローズがDHに固定されると、カブレラは自然と一塁で出場せざるをえない。そうなると、T—岡田の出場チャンスは、外野手としてに限られる。

T―岡田が外野手で何が悪いのか、そう考える方もいるかもしれないが、外野手としての守備をこなしながら、持ち味の打撃を生かし切るのは、簡単なことではない。

私の見立てで言えば、T―岡田はレフトを守るよりも一塁を守ったほうが守備への負担が軽減され、本塁打を多く打てる。

この考えにいたったのは、私が阪神時代に経験した、新井の事例と酷似していたからだ。新井は広島時代に三塁を守っていたが、相手ベンチから見ていても一塁への送球が上手いといえる選手ではなかった。だから私はFAで獲得した新井を一塁にコンバートしたのだ。

実は阪神の監督時代に、広島のブラウン監督に「三塁を栗原にして新井を一塁にコンバートしたほうがええ」と助言したことがある。ブラウン監督とはメンバー交換の時に冗談を交えながら互いの健闘を誓いあう仲で、そんな話もしやすかったからだ。

私は、2軍生活をしていた頃の栗原の守備も見ていた。栗原のボールさばきは一見、洗練されていないが、一塁への送球はかなり安定していた。

その2008年シーズン、一塁へ回った新井は守備への負担が減ったばかりか、彼自身初めてのゴールデングラブ賞も受賞することになった。これは野球人としては輝かしい勲章である。守備への自信を深め、その自信が打撃へのリズムを生む。

残念ながら、2009年に再び新井は三塁にコンバートされてしまったが、できれば、新井には2年連続でゴールデングラブ賞を狙うチャンスを与えてほしかった。

守備と打撃は表裏一体、そういうものだ。

慣れた守備位置や負担の少ない守備位置のほうが、打撃に専念できる。

単純に空いたポジションに入れたりすれば、打てるものも打てなくなるし、そこから打撃の状態に変調をきたすようなことも起こりうる。

チームの最終責任者である監督は、どの選手がどのポジションに就けばその能力を最大限に発揮できるか、そしてチームが有効に機能していくのかを、熟考し決断しなければならない。

実績や名が通った選手がいると、一見戦力が充実しているように見えるのだが、実はチームの内側から見るとポジションや打順を動かしにくかったりすることもある。

チームの将来を見据え、これから最強オリックスを築き上げていくためには、潜在能力を秘めたT―岡田の成長は、欠かせない。そういう意味で、ローズの退団は決して戦力ダウンではないのだ。

## 個人では解決できない、チームのミス

今季のオープン戦でこんなシーンがあった。

ランナー一、三塁の場面。ピッチャーゴロに対して、キャッチャーが「ゲッツー」と投手に指示を出した。よく見かけるプレーだが、私はすぐさま注意をした。

それは、打球判断は捕球する選手がするもので、第三者が決めることではないからだ。投手が打球処理でファンブルしたらどうするのか。予期せぬことだって起こるのだから練習の時から本番を想定し、捕球する選手自身が、どこに送球すべきかをジャッジする習慣を身につけておかなければならない。第三者が声を出して、それに従っているだけでは形式上の練習にすぎない。

例えば、甲子園球場の4万5000人の大観衆の中で、選手同士の声が届くのか。

オリックスだって、優勝がかかった一戦を迎えればスタンドは大観衆で埋まるだろう。阪神や巨人と日本シリーズを戦うことになれば、嫌でもそういう環境で試合をしなければならない。その時になってから「声での指示はやめましょう」ではすでに手遅れなのだ。

個人のミスは、個人練習で解決できる。ただし、チームとしてのミスは、個人練習では解決できない。

例えば、外野にヒットが飛んだ。外野手がホームにダイレクトで返球するか、カットマンに返球するか。この判断は、個々人の練習でも改善することはできる。

しかし、前述のような、練習方法そのものの間違いは許されない。

オリックスはこれまで、チームも、選手個人も、本当の勝負を経験してこなかった。優勝争いの中でこそ生まれる、本当の勝負の怖さをまだまだ知らない。

捕手のリードにしてもそう。「投手が良いボールを投げているのに、なんで打たれるのだろう」というレベルで終わってしまっている。

先発投手をその気にさせて、乗せていくリードはしてもいい。

だが、抑え投手をその気にさせるリードをしてはいけない。抑え投手は一球の失投でチームの白星を消してしまう。その怖さをもっともっと感じながら捕手はリードをしていかないといけない。

優勝を争う、8月から9月になれば、「逃げられるものなら、この場から逃げたい」、そう言いたくなるような場面が必ずやってくる。

胃が痛いなんてもんじゃない。胃を摑まれてねじられているような痛みを感じる戦いが待っているのだ。過酷な戦いに勝利するためには、今からそれを想定していかなければならない。

## 「カブレラは外す。開幕4番は北川」

オリックス監督就任1年目の春季キャンプ、私は「投打の柱」を少しずつ腹の中で固めていった。

打者の柱、打線の中心に座る4番はアレックス・カブレラ。投手の柱、開幕投手を託しローテーションの中心になるエースは金子千尋だ。

オリックス投手陣の大きな柱となる金子は、春季キャンプのブルペンですぐにポテンシャルの高さを私に見せ付けてくれた。金子のボールは、ストレートのキレ、コントロールなど、すべてが球界トップクラスの輝きを放っていた。

今シーズンの開幕投手を金子に託そうと決めるのに、さほど時間はかからなかったし、オープン戦に入り実戦でのピッチングを見て、さらに確信を深めた。金子はいずれ何らかのタイトルを獲得できる資質を備えている。

打線の柱となるのが、アレックス・カブレラ。

来日10年目になるが、初めて1月中に来日し、キャンプ初日からハツラツとした動きを見せた。キャンプ中も、休日返上で練習をこなし、さらにT－岡田やバルディリスなど若手選手に積極的に打撃指導を行うなど、今まで見たこともないような、「フォア・ザ・チーム」の姿勢を見せてくれている。

アドバイスの内容は聞いていないが、聞かずとも身振り手振りを見ていれば何を伝えようとしているのかはおおよそ把握できる。

カブレラが一生懸命伝えようとしている打法は、あの丸太のような腕と怪力を持ち合わせているからこそなのだが、私はカブレラの好きなようにさせた。キャンプは開幕に向け主砲に気分良く調整をさせておく時期だし、若手選手にとっても実績のある4番打者の打撃理論を聞くことができる絶好のチャンスだから。

しかし私は、そのカブレラを開幕戦の4番打者から外した。

楽天ブラウン監督とのメンバー交換まであと10分となった慌ただしい時間帯、正田打撃コーチが、血相を変えて私の元に駆け寄ってきた。

「監督、カブレラが指名打者では嫌だ、守備に就いてスタメン出場したいと言っています！」

私はそんなハプニングが起こることも、ある程度は織り込み済みだった。キャンプ期間中から、カブレラは「ＤＨじゃなくて一塁の守備に就きたい」と、一塁守備練習を意欲的に行っていたからだ。

私は正田コーチに告げた。

「カブレラをスタメンから外し、４番・ＤＨは北川でいけ！」と。

カブレラはさぞ驚いたことだろう。

まさか自分が開幕スタメンから外されるなど、まったく考えていなかっただろうから。

この決断を「素晴らしい判断だ」と称賛してくれた評論家の方もいたようだが、私は特別なことをしたつもりはまったくなかった。一人の選手のわがままを受け入れ、チーム全体のリズムを崩すことは決して許されない。

ただ、試合開始直前に開幕４番を告げられた北川だけは驚いたかもしれないが。

## 小瀬選手の死を乗り越えて

キャンプ初の休日となった2月5日は、オリックス担当記者たちと、ゴルフコンペを開催し、夜は宴席を設け親睦を図る予定でいた。

ゴルフを終えてクラブハウスに引き揚げると、先にプレーを終えた小林晋哉チーフコーチが、明らかに動揺した様子で私に近寄ってきた。

「小瀬が宿舎のホテルで転落死したそうです」

私は一瞬耳を疑った。

現役のプロ野球選手がキャンプ中に命を落とす、いや、自らその命を絶ってしまうなど長きにわたるプロ野球の歴史の中でも起きたことはなかった。そんな事態が今ここで起きたというのか。しかも公私ともにこれからという若者が死に急ぐなんてことがあるのだろうか……と。

小瀬浩之は、尽誠学園高校2年の春に甲子園に出場し、近畿大学に進学してからは、1年生の秋からベンチ入り。チームのリードオフマンとして4年間活躍した。4年生最後の秋のリーグ戦では、首位打者を獲得。50メートル走は5秒9の俊足。走・攻・守、三拍子揃った素晴らしい才能を持つ将来有望な選手。昨年は78試合に出場し、規定打席には到達しなかったものの打率は3割3厘。今年はレギュラーを争う一人として期待をかけていた。

また私の目指す「守りの野球」にとって、小瀬は欠かせない存在でもあった。

今シーズンは抑え投手と同様に、「抑え野手」という存在を作り、試合終盤の数イニングを、確実に守り勝つ構想を温めていたからだ。その中心的な選手が小瀬だったのだ。スタメンとして出場していなくても、必ず試合の終盤には出てきてスタメンと同等の、またはそれ以上の活躍をしてくれる選手。私は彼に守りの野球の担い手としての期待を寄せていた。

その日、午後4時から20分間ほど宿舎で全体ミーティングを開き、長村裕之編成部長が事実関係のみをチームに伝えた。もちろん、皆一様にこの事実を受け入れがたいといった表情だった。前日は田口にクッションボールの処理を教わり喜んでいたという。

現場の責任者である私も、宮古島警察に出向き、事情聴取を受けた。

午後7時、村山良雄球団本部長が記者会見を行い、球団としてこの事実を公のものとした。この時点ではまだ、遺族の方が現地入りしていないこと、警察も捜査中の段階であることから、死亡の詳細や理由に関しては語らず、険しい表情のまま20分ほどで球団本部長が会見を終えた。

私はどうコメントしていいものか、選手をどうまとめていけばいいものか本当にわからなかった。他の選手たちに「前を向いていこう」なんて言えない。そんな簡単なことじゃない。「あす、あさってはそんなに練習もできんと思う」と記者の皆さんの前で私は語った。あれは偽らざる本音だった。

キャンプ前、オープン戦前、公式戦の試合前、いつも最悪の事態を想定しながら、一日に臨んできた。そうしておけば悪い事態が起こった時に、うろたえることなく、瞬時にその場その場で決断を下していくことができるからだ。しかし、今回の出来事への対処方法ばかりは、私の引き出しの中に入っていなかった。

ただ、ひとつだけ言えることがある。事態が悪い時ほど走り出しても駄目だということだ。

悪い時ほど、自然の流れに身を委ね、その事実をしっかりと受け止めてから動き出したほうが良い。選手時代、監督時代を通して、悪い流れの時ほど動こうとするし、また実際に動かなければいけないこともあった。でも振り返ってみれば、その状況を打開するための最善の策というのは、「動かずにひとつ勝つこと」なのだ。そのひとつの勝ちが、すべての流れを大きく変える唯一無二の処方箋《せん》だった。

今回、私は小瀬の死というものを皆でしっかりと受け入れなければならないと感じた。だから、その後の練習時間も短縮し、選手の気持ちが自然の流れで前を向くタイミングを待った。

おそらく、私が陣頭指揮を執って「小瀬のためにも明日からもっと練習に打ち込め！」と発すべきだと考えた方もいただろう。

でも私の考え方は違う。それは、一時しのぎにすぎない。長いキャンプを実りあるものにして、さらに長いシーズンを戦いきる土台にするには、この事実をしっかり受け止めて、消化するための時間が必要だった。

翌6日から、オリックスはキャンプ第2クールに入った。

実は、第2クールはキャンプを一時中断し、球団職員も含めたチーム全員が大阪に戻る予定を立てていた。航空券の予約も行い、小瀬の通夜・葬儀に皆で参列し、若くしてプロ野球選手としての人生の夢を絶つことになった小瀬の冥福を祈るつもりでいた。

しかし、遺族の方からの申し入れにより、沖縄に残りキャンプを継続することになった。

8日のキャンプ練習終了後には、球団関係者に加え、宮古市民球場に足を運んでくださったファンの方々と小瀬の遺影に献花し、本当に最後の別れを告げた。

むせび泣く選手たちの声が私の耳にも届く。今にも雨が降り出しそうな空。見上げれば、小瀬の遺体を乗せた飛行機が、宮古島の空港を飛び立ち、グラウンド上空に差し掛かっていた。

今シーズン、小瀬は我々チームとともに戦っていく。

私が目指しているものは、まず長いシーズンを終えてのリーグ優勝。そして小瀬と一緒に、優勝を祝うビールかけをすることだ。

私も選手も、そして球団職員も、チーム全員がひとつになって戦っていかなければならない。もちろんリーグ優勝の先にある、日本一も目指して。

## WBC投手・小松の不振と復活

一般論でいえば、2009年のオリックスは、決して戦力的に他球団に大きく劣っていたわけではない。実績のある外国人の大砲を4人揃え、2桁勝利投手は小松（15勝）、金子（10勝）、近藤（10勝）、山本（10勝）。成績と顔ぶれだけを見れば、十分に戦える布陣に思える。

しかし、私は解説者としてオリックスを見た時、決して楽観はできないと思っていた。なぜなら、2年続けて2桁勝利を収めた投手が、この中に一人もいなかったからだ。

沖縄県宮古島のオリックス春季キャンプを訪れた際、私は、同行した記者たちにこう話していた。

「4月中に4人の10勝投手に勝ち星をしっかりつけられるかがひとつのポイント。キャリアの浅い投手は、まず4月に勝ち星がつけば自信を持ってシーズンを滑りだせる。今年のオリックスのチーム編成を見る限り、少々投手が打たれても外国人野手を中心に打ち勝って先発投手に白星をつけていかなければ厳しい戦いになる」

金子、近藤、山本の3人はそれぞれ4月を終えた時点で2勝ずつを挙げ、良いスタートを切った。しかし、小松だけはWBCから戻った後、状態が上向かずに苦しんでいた。WBCメンバーに選ばれた小松にしても、15勝の前年（2007年）は、1勝しかしていない。

プロとしての実績は2008年からスタートしたようなものだ。

キャリアの浅い若い投手というのは、とにかくどんな内容でもいいから勝ち星をひとつつけてあげることで、流れに乗る。2009年のオリックスは、開幕投手を託した小松に4月中に勝ち星をつけられなかったことが、最初の大きな躓《つまず》きだった。

その証拠に、小松に勝利がつかなかったにもかかわらず4月を貯金2つで終えたオリックスが、5月に入りいきなりの3連敗。その後すぐに9連敗で借金が8つにまで膨らんだ。

この2つの大きな連敗中、小松は3試合に先発して負け投手になっている。

この連敗の責任が小松にあるというのではない。エースとして開幕投手を託された小松に、どんな形でもいいから、4月中に白星が記録されていたらこうはならなかったと思う。開幕投手とは、「そのシーズンの一番太い柱としてローテーションを守り、チームを支えてくれる」、そういう期待を込めて監督がマウンドに送り出す投手だ。

その大黒柱の小松を流れに上手く乗せられなかったことが、結局はチーム全体の成績に大きく影響してきたのだ。若い選手には自信を植え付け、良い流れに乗せてあげること。先発投手の一番の薬は「白星」なのだ。

今シーズン、小松には復活を遂げてほしい。その思いを強く込め、春季キャンプに入る直前に小松を抑え投手として起用することを、小松本人はもちろん、報道陣にも伝えた。環境や調整方法を変えることで、小松に刺激を与え、復活への糸口を掴んでほしかったからだ。

小松の復活に懸ける思いはキャンプで取り組む姿を見ていて十分に伝わってきた。ブルペンでの通常の投球練習を終えた後、室内練習場に1人こもり、ネットに向かい何百球も黙々と投げ込んでフォーム固めに取り組んでいたことも知っている。

チーム事情で、今シーズン、抑えに定着させてはいないが、小松には期待を寄せている。そうでなければ、開幕1軍のベンチには入れていない。今は苦しめばいい。苦しんだ分その成果はいずれ小松本人に返ってくるのだから。

## 抑え投手は「ビビリ」じゃなきゃダメ

私は1試合を詰め将棋のように逆算して考える。

まず抑え投手を誰にするかを決め、その次は抑えにつなぐ、セットアッパー。先発投手の人選は、そこが決まってからになる。

先発の代わりはシーズン中に何人か出てくるが、抑え投手の代わりは、簡単に出てくるものではないからだ。

抑え投手としての資格は、第一に「ビビリ」であること。

ビビリとは、臆病者という意味ではない。1点差で迎えた最終回、その場面で打たれることに恐れを感じることができ、一球の重要性を十二分に理解していることを意味する。

伸《の》るか反《そ》るか、打たれてもしょうがないと開き直って、イケイケで投げてしまう投手は抑えに向いていない。

今や押しも押されもせぬ、日本球界を代表するストッパーに成長した阪神・藤川球児などは典型的なビビリだ。ストレート真っ向勝負なので、イケイケに見えるかもしれないが、実は繊細、打たれる怖さをしっかりと認識したうえでマウンドに上がっている。

もちろん、ここぞという場面で三振を取れる、というのも、抑え投手の大きな条件だ。過去の投手でいえば、横浜の大魔神・佐々木主浩などは、その典型だ。伝家の宝刀ともいえるフォークボールで三振を奪う、この抑え方は、ベンチで見ていて一番安心できる。

打たせて取るタイプの投手を抑えに持っていくと、不測の事態が起こる可能性が否めない。エラーがないとはいえないし、打球がイレギュラーバウンドすることもある。ボールがバットに当たれば、何かが起こるかもしれないのが野球。抑えは絶対に三振を取れるボールをひとつは持っていないといけない。

余談だが、現役時代、私と佐々木の相性は決して悪くなかった。佐々木が全盛期の時、阪神の全選手で、彼から打ったヒットが私の2本だけというシーズンがあった。

あの時、ミーティングで打撃コーチからこう聞かれた。「岡田、なんで佐々木を打てるんや」。私はこう答えた。「ストレートを狙っているからです」。

私は2軍監督になってからも、選手に口をすっぱくして言っていた。

ある時、三振したのにベンチに胸を張って戻ってきた選手がいた。「何を振って三振したんや」と聞くと、自信満々に「フォークです」と答える。三振したのに、妙に堂々とした態度。それはストレートだったら自分の責任だが、フォークだったら仕方ない、と感じているからに他ならない。

私はこう言った。

「フォークの打ち方を誰に教わった。打撃コーチは教えてくれたか?」と。

フォークボールだとわかっているなら、振らなければいい。ほとんどのフォークは、見送ればボールになるのだから。

目と脳でフォークだと判別できる技術があるなら、振らないのがベストだ。バットを振るというのは、バッティングにおける一番最後の動作なのだから、できるはずだ。

無理にフォークを打ちにいくから、打率も下がる。良い投手を攻略したいという思い込みが強すぎて、難しく考えすぎてしまっているのだ。簡単に考えればいい。

特に佐々木はストレートとフォークの2種類だけ。球種だけなら5割の確率なのだから。完璧なフォークは振らずに見極めるのが、唯一の攻略法なのだ。

## JFKの誕生

2005年の阪神優勝の象徴が、ジェフ・ウィリアムス、藤川球児、久保田智之の3人の抑え投手、「JFK」だ。

ただ、私は、シーズンの初めから、この3人の役割分担をあらかじめ決めていたわけではない。たしかに、抑え3枚で終盤3イニングを抑えるという考え方は、開幕前から温めてはいた。しかし、JFKと呼ばれるようになったのが6月あたりだったことからもわかるように、彼らが安定した成績を残していくうちに、マウンドに上がる順番も決まり、その役割が明確になってきたのだ。

この3人の中で、一番実績があったのがジェフ・ウィリアムスだ。

2003年、来日1年目から抑え投手として活躍し、その年25セーブをマーク。星野監督のもと、優勝に貢献していた。

久保田智之は入団1年目となる2003年、すでに先発投手陣の一角を任されていた。シーズン5勝を挙げたが、シーズン途中に右肩を痛め、日本シリーズの登板機会には恵まれなかった。

意外なことに、この時点では藤川が実績的には一番乏しい投手だった。

それまでの藤川は、先発投手として1軍と2軍を行ったり来たりする選手だった。4回までは素晴らしいピッチングをするのに、いつも5回、6回で捕まってしまう。だから1軍でも先発では1勝しか挙げていなかった。

優勝した2003年も、藤川の最も印象深い登板シーンといえば、東京ドームでの巨人戦、8—8の引き分けに終わった試合で、巨人・後藤に同点ホームランを打たれた場面ではなかろうか。

阪神の2軍を率いていた2001年、藤川に先発投手失格の烙印を押した試合があった。名古屋の南の方に位置する碧南《へきなん》で開催されていたウエスタン・トーナメントという大会。初戦に勝って、第2戦の中日戦に藤川を先発させた。藤川には「これで駄目なら先発としては最終登板になるぞ」と、あらかじめ申し伝えてあった。

いつものように、立ち上がり序盤は好投を続けていく。試合は1—0で阪神リード。あの時、中日は大豊泰昭と山﨑武司が2軍で調整中で、6回に大豊に同点ホームランを浴び、8回には山﨑にも1発を許した。藤川はここでも、6回以降に調子を落とし、失点してしまった。

そこで私は「お前はもう先発は無理や。1軍を狙うなら後ろのポジションで狙え」と、結論づけた。

実は阪神は、2003年のオフに藤川を放出しようとしていた。2軍から上がってきた次年度の整理対象選手リストに、藤川の名前が入っていたのだ。

2004年から私が監督に就任することが決まっていたので、監督権限で残させたが、もしあのとき藤川を放出していたらと思うとぞっとする。実際に、同じセ・リーグの広島やヤクルトが獲得する可能性が十分にあったのだ。

私が、阪神の監督に就任した2004年は、アテネオリンピックの年だった。

前年まで抑えを務めていた安藤優也が日本代表、セットアッパーのウィリアムスがオーストラリア代表に選出され、後ろ3枚のうち2人がペナントレース戦線を離脱することになってしまった。

チームを離れた2人の代わりに抜擢したのが、藤川と久保田だった。

主力投手が2人も抜けたアテネオリンピックは阪神にとっては大きな痛手だったが、その後のことを考えれば、大きなターニングポイントになった。

この年に藤川と久保田をリリーフで起用し、めどが立ったことが翌年のＪＦＫ結成につながったのだから。

２００５年、ＪＦＫの先陣を切るのは、藤川だった。藤川は、7回の相手の攻撃の芽を完全に摘んだ。

あの時もすでにボールの質で言えば藤川が一番素晴らしかった。あえて7回に藤川を配置したのは、意気軒昂《いきけんこう》としてラッキーセブンに臨んでくる相手の反撃意欲を封じ込むためだ。だから、一番力のあるボールを投げる藤川を最初に登板させ、左のウィリアムス、右の久保田とリレーさせた。

ＪＦＫが大活躍して優勝したこの年、実はクローザーを務めた久保田のセーブ数が27しかなかった。チームは87勝しているのだからもっとセーブがついてもおかしくはない。実際、２００７年は、シーズン74勝に止まったのに、抑えを務めた藤川は46セーブを挙げた。

その理由は、２００５年は試合終盤になって阪神がリードをしていると、相手チームが勝ちパターンの継投策を封印し、力のある投手を温存してくれたからだ。

そうなると、阪神に追加点が入る可能性が必然的に高くなる。点差が開けば、抑えの久保田が登板する必要がなくなり、仮に登板してもセーブがつかない展開が多くなったのだ。

クローザーにとっては、セーブ数が多いほうがいいに決まっているが、チームにとっては、はるかに2005年のほうが、安定した戦い方ができていた。抑え投手が登板する前に、勝負は決まっていたのだから。

## 後ろに行けば行くほど良いピッチャーが必要な理由

今季、オリックスの交流戦優勝の大きな原動力となったのも、救援陣だった。交流戦を経て、平野佳寿、ジョン・レスター、岸田護の3投手は「勝利の方程式」と言われるようにまで成長した。

特に素晴らしかったのは、レスターに代わって、この交流戦で中継ぎから抑えに転向させた岸田だ。

私の当初の構想では、キャンプ時までは抑え候補は小松、開幕から抑えに起用したのはレスターだった。岸田の抑え起用については誰も想像していなかったようだが、岸田を抑えに回すことに、まったく不安はなかった。チーム内のバランスを考えて、あえて言及はしていなかったが、キャンプの時点で、岸田に抑えとしての適性があるのは、確認済みだった。

彼らがこのまま、ＪＦＫと同じように、盤石のリリーフ陣に成長してくれることがリーグ優勝への近道なのはいうまでもない。

ただ、このやり方がどの球団でも通用するかといえば、決してそうではない。

後ろに良い投手が控えているからこそ盤石の継投ができるのであって、その存在がなければ、継投してもまったく意味はない。

継投における判断基準はいたってシンプルである。

「今マウンドにいる投手のボールの質と、ブルペンに控えている投手のボールの質はどちらが上か」。この一点につきる。

次にマウンドに送る投手の力が、今マウンドで投げている投手よりも劣るのならば、代えても意味はない。

例えば、７回で１１０球投げている先発投手が、次に出てくる投手よりも、まだ良いボールを投げているのならば、迷わずに続投だ。

また、私が継投する時に配慮していることは、１イニングで２人の投手を潰さないということ。

例えば、先発投手を降板させたイニングで、２番手投手も打たれてしまう。これだけは避けなければならない。2番手が打たれれば、さらに3番手投手をつぎ込まなければならなくなる。

昔は左打者対左投手で、ワンポイントという仕事があった。まさに1人を打ち取ればお役ごめんという仕事である。しかし、今のプロ野球では、1人で1イニングを完投できる力がなければ、ベンチに入れることはできない。

かつては左の強打者はチームに1人か2人だった。しかし、近年のプロ野球は、もっと増え、各チームが右打者とジグザグに打線を組んでいるので、ワンポイントでベンチに戻したら投手が何人いても足りないのだ。

JFKが活躍した2005年、継投のポイントは実は藤川が出てくる直前の6回にあった。

6回は中継ぎの江草仁貴が投げる機会が多かったが、比較対象は、先発投手と江草のどちらのボールが良いか。

序盤にあまり点数が開きすぎると逆に戦いにくかった。1点ずつ積み重ねている時のほうが勝ちペースだと思えたくらいだ。5回を終わって5―0でリード、という展開になると、「JFKの誰かを休ませようか」などと考え始めるから、選手起用に迷うこともあった。良い結果に転がりすぎると「こんなにたくさん得点せんでええ」などと試合中感じたものだ。

## チーム打率2割8分がいかに難しいか

いくら打撃が売り物のチームだったとしても、チーム打率というものは落ち着くところに落ち着くものだ。スタメン9人の平均打率が3割を超えるのは、個人でシーズン4割を打つのと同じくらい、難しい。

チーム打率は、2割8分でも驚異的な数字だ。セ・リーグの場合は、投手を入れての打率になるので、特に難しい。投手のシーズン打率の平均は1割ちょっと。チーム打率が2割8分を超えるためには、投手を除くすべての打者が3割前後の数字を残していないと届かない。

1985年に優勝した阪神のチーム打率は2割8分5厘。

あの時は、すべての試合で打ち勝てるぐらいの雰囲気があった。この数字を残すには毎試合2桁安打、もしくは四死球を入れてそれぐらいの出塁がなければ、到底達成できない。そうなると、すべてのイニングでランナーを出して、チャンスを迎えている感覚になる。

どれだけ凄い数字なのかがわかっていただけるだろう。

2009年、巨人は圧倒的な強さで日本一に輝いたが、その原動力となったのは、坂本や松本、山口など、若手選手の活躍だった。彼らが活躍したのは事実だが、私はそれも3番の小笠原と4番のラミレスが、シーズンを通して、不動の主軸として機能していたからだと思っている。

チーム作りを考えた時、私はすべてのオーダーを固定する必要はないと思っている。しかし、3番と4番だけは固定しなければいけない。この2人がコロコロと代わっているようでは、得点パターンが決まらないし、戦い方が窮屈になってくる。ここが決まれば、その前後の打者も、自然と打ちやすくなるものなのだ。

## つなぐ打者は、2番と7番だけでいい

2003年、金本がFA権を行使し広島から阪神に移籍してきた初年度、金本はシーズンを通して3番打者をまっとうした。2番赤星の盗塁をサポートしながら、4番・5番にチャンスを広げていく「つなぎ」の打撃をしていた。

チームのことを考えてのことだろうが、私はもっと金本には自分が打つことに集中し、

勝負のバッティングをしてほしいと考えていた。

世間的にはつなぐバッティングをする選手は評価されるが、私はそうは考えない。勝負を決める打撃技術を持っている選手がつなぐバッティングをしても、それはチームのためにならないからだ。

2004年、私が監督に就任し最初に着手したのが、金本を4番打者に固定することだった。その際、私は「つなぎの打撃など考えんでええ、4番打者としてホームランを打ってくれ」と伝えた。

ホームランを打てる打者がオーダーに入っているのに、3番打者に据えるのはもったいない。無死一塁の場面で金本が打席に入り、赤星の盗塁を待ったり、無理やり引っ張ってランナーを進める打撃をすることなど、必要ないのだ。

つなぐ打者は、打線の中に2人いればいい。それは、2番打者と7番打者だ。2番はクリーンアップの前にランナーをためるためにつなぐ。

7番打者は、8番打者と9番打者につなぐ役割だ。そうすれば、次のイニングが1番打者から始まり、攻撃の流れが非常に良くなるからだ。

そういう意味では7番打者は重要だ。8番打者で攻撃が終わり、次の回の先頭打者が9

番（セ・リーグならばほぼ投手）から始まるのと、9番打者まで回って、次の回の先頭打者が1番から始まる攻撃では、天と地ほどの開きがある。7番打者は自分が犠牲になっても9番まで回そうという意識で、打席に入ってほしい。

だから、2003年の金本のように、3番に入っているクリーンアップの打者が、つなぐ意識を持って打席に入る必要はない。

これは三塁コーチャーをしながらいつも感じていたことだ。

## 勝負強さとは何か

勝負強いといわれるバッターがいる。通算12本のサヨナラホームランを打っている清原和博や、安打製造機と呼ばれた張本勲さんなど、いずれも人々の心に残るスタープレーヤーだが、そもそも勝負強さとは何なのか。どこから来るものなのか。

勝負強い人間には、いつも良い場面が回ってくるものだ。

例えば、3打席凡退して「今日はもう駄目やな」と思っていても、最後の第4打席が2死満塁で回ってきて、そこで打って勝利打点を稼ぐのだ。

そこで打てるか打てないかが「勝負強いか」「勝負弱いか」の分かれ目になるのだが、

その差はどこで出てくるのか。

その答えは「日頃からやるべきことをきちんとやってきたかどうか」に尽きると思う。やはりコツコツと努力を積み重ねているから、勝負のかかった場面でも打てるのだ。チャンスで思うような結果が出ないから、打順を5番から7番に下げたとしよう。こういう選手は打順を変えても一緒。7番に下げたところに、チャンスのほうが追いかけてくる。

これは勝負の世界の不思議なところだと思うが、本当にそうなのだ。

私自身、阪神の監督をしていた頃は、ずっと5番打者で苦労した。期待していた今岡が結果を出せず、外国人も駄目。こうなってくると「誰が5番を打っても同じや」と思えるようになる。

これも不思議なもので、勝負強い選手が調子を落としている時というのは、あまり大きなチャンスが回ってこない。2死ランナーなしとか、そういう場面がなぜか多く、だから凡退しても、調子の悪さが目立たない。

ただ、勝負強さを「持って生まれた運」というだけで片付けることはできない。勝負強さとは、真の勝負の場面に本当に巡りあいたいと思い、努力を続けているかどうかで決まる、と考えている。

日頃からそう思っていなければ、その場面を手繰り寄せることなどできない。そもそも、そこに立たなければ、勝負強いか弱いかすらも、わからないわけだから。勝負どころを引き寄せるためにも、そこで最良の結果を残すためにも、日頃のたゆまぬ積み重ねが大切なのだ。

# 第2章 不動の戦略

## ――監督の仕事は、試合前にはほとんど終わっている

## 毎朝必ず全スポーツ紙に目を通す

監督の仕事は、試合が終わった瞬間に始まる。

例えば、次の日の相手の先発が左投手だったら、ヘッドコーチやチーフコーチに「明日、右打者をスタメンで使うから、こういう準備をさせておけよ」と伝える。

朝起きてから「さぁ準備を始めよか」では遅い。基本的には指示はすべてコーチに伝えるが、選手と顔を合わせれば、直接伝えることだってある。

朝、目覚めて最初にすることは、すべてのスポーツ紙に目を通すこと。これは現役時代から続く日課だ。

ただ、監督になってからは、前日の結果に関する記事は読まなくなった。そんな情報は試合が終わって球場にいる時に確認済みだからだ。しかも、前日の試合記事は、あくまで過去の話。過去の情報にはほとんど興味がない。

問題は、今日以降の試合に影響を及ぼす情報があるかどうか。

阪神の監督をしていた時は、まず最初に、スポーツ紙全紙の先発投手予想記事を確認していた。

大体、各紙が同じ投手を予想しており、スコアラーの予想とも重なるのだが、ときどき1紙だけ別の先発投手を予想していることがある。たった1人とはいえ、チーム付きの担当記者が予想するからには、なんらかの根拠があるはずだ。その記者だけが大事な情報を摑んでいるのかもしれない。

そんな時は、球場に着くやいなや、チームのスコアラーを呼ぶ。

「何で1紙だけ違う先発予想になっているんや」と話し、そしてすぐに探りを入れさせる。

セ・リーグでたまにあるのが、1軍登録メンバーに入っていない投手が、実は遠征に帯同されていて、試合当日に登録していきなり先発してくるパターンだ。

デーゲームの時は、試合開始1時間前にならないと、相手チームの登録状況を確認することができない。そこをついて、こちらの予想の裏をかいてくるのだ。

そういう可能性が少しでもあれば、必ず試合前に潰しておかなければならない。本当の先発を見分けるのは難しいが、視野を広げて、あらゆる角度から検証していけば、必ず答えに辿り着ける。

それでも、先発投手を完全に読み間違えることが、年に数回はある。

その場合は、スコアラーがこれまでに蓄積していたその投手の資料を持ってくるので、まずそれを確認する。だから大体、攻略の糸口は見つかるのだが、スコアラーと打撃コーチにしてみれば、相手の先発投手を読み間違えること自体が、屈辱なのだ。

ただ、今までの経験からすると、先発投手を読み間違えた時のほうが、かえって打っているような気がする。私が選手に「先発投手が外れたのはスコアラーや打撃コーチの責任やから、今日は打てなくても選手に責任はないからな」と、言うからかもしれないが。

## 緘口令を敷いても、意味がない

いくら情報化の時代になったとはいえ、相手チームに関する情報のすべてを摑みきることはできない。

ケガの情報もそうだ。ほとんどの球団がケガに関する情報は、球団の公式見解としてトレーナーから発表させているが、中日のように、徹底的に緘口令《かんこうれい》を敷く球団もある。

そんな時も新聞記事が役に立つ。

例えば、相手チームの主力選手についての記事で、「試合当日の練習を見て出場を判断」という文字を見つけたとする。その記事は、こう捉えればいい。

その選手が本当にケガをしているのかどうかはわからない。ただ、その情報さえ持っていれば、試合当日の練習でその選手の様子を注意深く見ることができる。そこで初めて、その選手のケガの状態を判断すればいい。

情報操作されている場合もあるので、記事をすべて鵜呑みにするわけにはいかないが、こちらが判断するためのヒントにはなる。

私はケガの情報は隠さず、球団の公式見解として発表させている。ケガの情報はまず隠しとおすことができないからだ。球団が隠せば、記者は水面下で探りを入れる。球団が緘口令を敷いたところで全員の口を完全に封じることなどできない。

例えば、Aという新聞社で評論活動をしていた経験のある球団関係者が、チーム退団後もまたA社でお世話になりたいと思っていたとしたら、間違いなくそこから情報は漏れる。もし情報が漏れたら、誰が情報の出どころなのか犯人探しをしなければならない。隠さなくていいことを隠したことにより、チーム内に不協和音が生まれる要因になりかねないのだ。

## 新聞を通して、自分の考えを選手に伝える

スポーツ紙は役に立つが、阪神タイガースのような人気球団にとっては、痛しかゆしの

部分もある。明らかに、こちらに入ってくる情報よりも、出ていく情報のほうが多いからだ。

ただ、阪神の先発投手予想が間違っているときは「ヨシヨシ」と思ったし、他にも、こちらが有利になる、間違った情報を流してくれている時は、記者の前では一切その話題には触れなかった。時には間違えた情報を書くように誘導することもある。

ただ、断っておくが、決してファンの皆さんの夢を裏切るような誘導の仕方はこれまで一度たりともしたことはない。

また、新聞に載っている選手のコメントにも注意を払っている。

あの場面のヒットをどのように表現したのか。あの場面のピッチングをどのように振返っているのか。もちろん、選手が記者に本音を語っているかどうかは、読めばすぐにわかる。そこも含めて、気持ちの表現ひとつで、その選手の心理状態を把握することができるのだ。

阪神の監督時代に、こんな表現をした選手がいた。

「相手チームに倍返しをします！」

これは、私が何度かマスコミに対して使ったフレーズだ。

「シーズンはこの対戦だけではない、次の対戦ではこの借りを倍返ししてみせる」という意図で、チームを鼓舞するためにあえて発言した。

しかし、私はこのフレーズを使用した選手を叱責した。なぜならその選手はレギュラーではなく、次の対戦で起用されるかどうかもわからない立場の選手だったからだ。

レギュラーが言うなら理解はできる。しかし、試合に出場できるかどうか微妙な立場の選手なら、まず相手チームどうのではなく、「試合に出場したい」という思いが先にこなければならない。そういう気持ちでいたら、そんな言葉は出ないはずだ。

選手のコメントは実にわかりやすい。本当にファンに向けたメッセージなのか、監督を意識したメッセージなのか。自分の立場を冷静に把握しているか、少々の活躍で勘違いをしていないか。

阪神の選手は、レギュラークラスではなくとも、毎日コメントがスポーツ新聞に掲載される。少し活躍しただけで、実力以上に大きな記事となって取り上げられることもある。この選手は明らかに、少々の活躍で勘違いしてしまっていた。

このように、スポーツ新聞で選手のコメントを確認することにより、グラウンドでは知ることのできない、選手の内面も透けて見えるのだ。

## スポーツニュースも情報の宝庫

時間が許す限り、スポーツニュースもすべて見るようにしている。

時には、知人と酒を飲みに出かける夜もあるけれど、そんな時でもテレビがある店ならスポーツニュースだけは、酒を飲む手を休め視聴する。

スポーツニュースは、基本的に勝ったチームの良い場面しか取り上げない。

だが、逆から見れば、負けたチームの悪い場面を確認できるともいえる。勝ったチームの誰の調子が良くて、負けたチームの誰の調子が悪いのか。

その他のチームともすぐに対戦があるのだから、簡単に相手チームの状況を教えてくれる、スポーツニュースを利用しない手はない。

昨今のプロ野球は情報戦の様相を呈しており、情報が戦いの中での大きなウエイトを占めている。そのためどの球団も、「先乗りスコアラー」という、他球団を分析する専門の担当者を置いている。

プロ野球は1年間の試合日程が決まっていて、どのチームといつ試合をするのか事前にわかっている。スコアラーは、次に当たるチームの誰がどのような状態にあるか、プロ野球の専門家としての目で分析し、有効な情報をチームに持ってくるのが仕事だ。

スポーツニュースの映像を自分の目でも確認し、最終的にスコアラーがあげてくる詳細な情報と照らし合わせて、総合的な判断を下すのだ。

天気予報も欠かさずにチェックしている。一般的な天気予報もテレビなどで確認するけれど、阪神監督時代は、甲子園球場にあるアメダスのデータを逐一確認していた。それさえ見れば、甲子園球場の予報をピンポイントで確認でき、より正確な情報を把握しておくことができる。

試合当日の天候で一番大きく左右されるのが先発投手のローテーション。

阪神の監督時代は、屋外球場の甲子園球場が本拠地だったから、特に天気予報に敏感になっていた。

雨で試合が中止になったら、その日の先発投手を翌日にスライド登板させるのか、あるいは何日か後に登板させるのか。いずれにしても、雨で試合が中止になれば先発投手のローテーションには多かれ少なかれ影響が出る。

ただ、オリックスを率いる今シーズンは室内球場の京セラドーム大阪が本拠地だから、これまでのように天気予報を詳細にチェックする必要はない。だから、監督として試合前にやるべき仕事が少し減ったことになる。

## 様変わりした試合前の練習の意味

私が現役の頃は、皆試合前の練習は遊び感覚というか、たんにウォーミングアップ的な意味合いが強かった。

ただ、現在はその位置づけもだいぶ変わってきている。例えば、相手の先発投手が左投手なら、左投げのバッティング投手を相手にしっかりと打ち込む。エンドランの練習をしたり、右打ちの練習をしたり、試合を想定した練習をしっかりとさせるようになった。

私が現役の頃は先発投手が右だろうが左だろうが、ほとんど専属のバッティング投手に投げてもらっていたし、球種も打ちやすいストレートばかりだった。

ただ、ときどきバッティング投手に「最近こんな感じでバットが出ている」などと指摘してもらえる利点もあった。専属のバッティング投手は、毎日、自分の状態を一番間近で見てくれているので、そういうこともできたのだ。

昔は試合前練習の時にホームラン競争もしていた。練習はファンに見せるもの、という意味合いが強かったこともある。そういえば、杉田トレーナーと「10本スタンドインしたら、夜のビールをおごる」など、遊び心を持たせて練習をしていたこともある。

昔は試合前練習が選手に一任されていたこともあり、今みたいにコーチが細かく練習法を強制しなかったのだ。

それが自分が監督になったら、コーチに「あの選手にはきっちり右打ちの練習をさせとけ」など、言うようになったのだから、試合前の練習ひとつとっても、昔と今とでは様変わりしているのだと感じる。

ただ、私は試合前の練習の良し悪しでその日のスタメンを決めることだけは絶対にない。フリーバッティングで調子が良いからとか、状況に対応したバッティングがしっかりできているからなどの理由でスタメン起用したりもしない。

それは、選手時代の自分が試合前の練習を、ウォーミングアップのために使っていた、ということも影響しているのかもしれない。

ただ、練習でホームランを狙っていい選手もいる。

オリックスでいえば、T―岡田だ。彼が試合前練習でホームランを連発していれば、相手チームの見方が変わるからだ。

反面、相手バッテリーが真っ向勝負をしてくれなくなるというマイナスの面もあるのだが。まずは相手に与えておくイメージというのは大切だ。

私も、現役時代はセカンドの守備練習にちょっとした工夫をこらしていた。

甲子園球場での試合だと、ホームチームの阪神が先に打撃練習を行う。その終了間際に相手チームが来てアップを始める。私は決まって、その頃にセカンドの守備練習を開始した。そして、サードゴロやショートゴロでのダブルプレー練習の際、ファーストへ転送する球を、あえてアンダースローで投げていた。

それは、相手をセカンドキャンバスに滑り込みにくくさせるためだった。

低い位置から送球されるので顔に当たるのではないか、という恐怖心が湧くのだ。

だから私は、相手選手が見ている前で、意図的にそういう練習をして相手にイメージを植え付けていた。私は現役時代、セカンドキャンバスで相手選手にスパイクされたことが一度もなかった。これが戦うための準備なのだ。

## 練習中は、いろんな角度から選手を見る

試合前の練習中、私は細長いノックバットを1本持って、グラウンドのあちこちを歩く。

それはいろんな角度から、選手の様子を確認しておくためだ。

選手の正面から、捕手の後方から、選手の背中側からと、いろんな角度から選手の様子を見る。

一番長く見る位置、すなわち私が練習をチェックする指定席は、自分が守り慣れたポジションであるセカンドだ。そのやや後ろの芝生の上が一番見やすい。打撃ケージを2箇所使っていても見やすいし、選手も「監督が見ている」ということに気づきやすい。

打球の飛ぶ方向に立っていれば、間違いなく選手の視界に入るわけだから。

ショートでなく、セカンド側にいるのは、やっぱり現役時代に自分が守っていたポジションで、グラウンド全体が一番見やすい角度だから。

現役時代は、そこからバッターボックスにいる相手打者を見て「打たれそうやなぁ」などと、ゲームの雰囲気を感じていた。

もちろん、監督の仕事場は、グラウンドだけではない。

なかなか選手一人一人に声を掛けるのは難しいのだが、自分が「監督から見られている」という意識は選手に持たせなければならないし、最低限、選手がどういうことに取り組んでいるのかは、把握しておかなければならない。

ただ基本的に、こちらから選手に声を掛けることはしない。

選手というのは物凄く敏感だからだ。

会社でいえば、選手は社員ということになるが、例えば、会社にAとBという社員がいたとして、上司がAに声を掛けると、Bはこう考えるだろう。「Aには声を掛けたけど俺には声を掛けてくれない。あいつ何を言われたんやろう。褒められたのか、怒られたのか……」と。

野球選手もまったく一緒だ。ましてやグラウンドに出て練習している時は、マスコミに一挙手一投足を注目されている。そんな状況で、私が1人の選手にだけ声を掛けたりしたら、必ずその姿が報道されて、よからぬ憶測を呼ぶ可能性もある。

私も現役生活を送った16年間で、そういう思いをしたことが何度もあった。コーチの選手に対する接し方も、同じことが言える。「俺には何にも教えてくれないけど、あの選手にはいつも熱心に教えているな」と、選手に思われることが、チームの輪を乱す原因となる。上に立ち、教える立場にある人間は部下に平等に接してあげなければいけない。

## 不調の選手を好調の波に乗せる方法

打撃練習だけでは、選手の好不調は判断しづらいものだ。

基本的に、バッティングピッチャーのボールは、打って当たり前。1軍でプレーしている選手なら、ほとんどのボールをバットの芯で捉えられる。

ただ、練習では調子がいいのに、試合でなかなか結果が出ない。プロの世界ではよくあることだ。当の選手も、この傾向にハマると、必要以上に悩んでしまう。「練習では調子が良いのに、なんで試合で打てないんやろう」と。

バッティングは本当に難しい。どれだけ調子良くヒットを積み重ねても、シーズン打率4割を残した打者は、プロ野球75年の歴史で、一人もいない。打率が3割を超えれば一流。つまり、10回に3回ヒットを打てばいい。

バッティングで、最も重要なのはタイミングだ。相手投手とタイミングを合わせられるか、それとも外されるか。

ここでいうタイミングとは、ピッチャーのボールを打つための、自分が持っている最高の間合いのこと。1軍に上がる選手は、打撃練習では、ほとんど自分のポイントで打つことができる。ではなぜ試合では打てないのか。それは試合になると、相手バッテリーがそのタイミングを外しにくるからだ。

阪神の桧山進次郎は、私が監督をしていた頃、左の代打の切り札として起用していた選手だ。彼の調子が悪い時の対処法は、あえて左投手にぶつけることだった。

左打者は右投手にぶつけるのが野球のセオリーだが、その逆の起用方法を取ったのだ。悪くなるには、それなりの理由が必ずひとつはある。

桧山の場合は調子が悪くなると、バットが「遠回り」する癖があった。ボールに対して最短距離でバットが出ないので、インコースのボールが打てなくなる。その代わり、アウトコースのボールはさばきやすくなる。だから左投手が投げる、外角へ逃げるスライダーには、遠回りするスイングが、調度良い具合に合う。

こういったポイントを念頭に置きながら、桧山が調子の悪い時には特に、「この投手なら打てるやろう」という見極めをしながら起用した。

調子が悪い時にも、悪いなりにヒットが出れば、気分よく次の試合に臨むことができて、そのうち、必ず調子は戻ってくる。

常に選手の状態を把握してさえいれば、起用方法次第でなんとかなるものなのだ。

## 試合前の練習でチェックするポイント

試合前の練習で注意して見るのは、レギュラー以外の選手たちの様子だ。

その時点では、すでにスタメンは決まっている。彼らは起用してしまえば後は本人に任せて我慢して使わなければならない。しかし、途中から代打で出る選手は、勝負どころで使う必要がある。

例えば、桧山は、阪神タイガースの選手の中でも、積極的に「速いストレートに対応する練習」に取り組んでいた。

試合前の打撃練習で、桧山はいつも打席の一番前、投手寄りに立つ。バッティング投手の投げるボールを速く感じるようにする工夫だ。

キャリアを重ねていけば、自然に変化球に対応する上手さは備わってくる。だから相手バッテリーも、ベテラン打者との対戦では速いボールで勝負してくるようになる。

何年か前のキャンプから取り組んでいたが、速いボールに対応するために、自分なりに考えた練習方法なのだろう。

選手が明確な意図を持って練習に取り組んでいるのだから、その意図を監督が汲み、監督が選手を上手く生かしてあげなければならない。

特に、途中から試合に出場する代打や中継ぎの選手には、シーズンの初めに良い結果を出させたい。試合に出続けていれば、いつかヒットは生まれる。しかし1試合に1打席しかチャンスがない代打は、開幕してから何試合もヒットが出ないことがある。

だから、シーズンの初めは、ヒットを打つ確率の高い投手に当てて、まずヒットを1本打たせる。それ以降は、試合展開に応じて起用場面を考える。

桧山の場合は、オールスターゲーム以降の勝負どころでは、左腕の好投手にもぶつけていたが、春先は結果を出しやすい場面で積極的に起用していた。

その桧山が、2010年6月4日のオリックス戦で、代打での109本目のヒットを放った。阪神球団史上最多となる代打安打数である。桧山は「代打での地位を確立してくれたのは岡田監督です。その岡田監督率いるオリックス戦で球団記録を更新できたことに、不思議な縁を感じる」と話していたそうだ。

記録を樹立するのは選手個人の努力の賜物である。監督ができることは、選手の努力を見逃さず、生かしてあげることだ。


こんな場面もあった。

2008年6月の交流戦でのオリックス・バファローズ戦。試合は終盤、阪神が1点リード。1死二、三塁で打者はフォード。

もし、フォードに代えて桧山を起用すれば、オリックスの中継ぎ左腕の菊地原が必ず出てくるだろう。切り札である桧山に代打の代打は出せない。

結果は対戦してみなければわからないが、もし凡退して、追加点がとれなかったとする。桧山が凡退するか、フォードがそのまま凡退するか。比較をすればそのまま代打を送らずにフォードが凡退するほうが、チームにとっても大きな痛手とはならない。

仮に追加点がとれなくても1点リードの状況に変わりはない。ここで桧山が凡退すれば、次の機会までその結果を引きずる可能性もある。そう考えて、その場面ではあえて桧山を使わなかった。

また、私が解説者時代の2009年、阪神対中日戦で似たような場面があった。

その時に阪神は、代打の代打を送り、最終的に持ち駒をすべて使い切って負けてしまった。

あれは、まんまと中日の落合監督の術中にハマってしまったといえる。

中日、1点リードの接戦だった。中日はベンチに左腕投手を4枚入れていて、阪神が代打を出すたびに、ベンチの左腕を出してきた。阪神はそのたびに代打の代打を起用、最終回に行くまでに、ベンチの打者を4人使わされていた。

あのまま行ったら、間違いなく9回裏は左の守護神・岩瀬が出てくる。最終回を前にして、阪神はその場面で使える右打者を一人も残していなかったのだ。

ベンチ同士の駆け引きというのはそういうものだ。意図的に、相手の持ち駒を1枚捨てさせる。そのやりとりの応酬なのだ。

中日は延長戦など考えず、9回の攻防を1点差で逃げ切りにきている。延長戦を考えずに投手交代を頻繁に行うことで、阪神のベンチの駒を消しているのだ。

延長戦を考えているのなら、頻繁な投手交代は絶対にしてこない。

そういう時は、相手が投手交代をしても、知らんぷりを決め込んでおけばいい。相手が予期せぬところで投手交代を仕掛けてきても、こちらは慌ててはいけない。

「投手交代してきたぞ。こちらは代打に誰を送るんや」と、監督とコーチが相談しているだけでも、ベンチ内は慌てているように映る。

むしろ、「代えてきたな。こちらはこのままいきまっせ」という顔をして、悠然としておけば、逆に相手は戸惑うものだ。

## 他人の考えを推察する

私はよく人から「観察力がある」と言われる。

グラウンドで直接選手にアドバイスもしないし、プライベートで飲みに行ったりするわけでもない。それなのに、選手たちのことをよくわかっているのはなぜか、と聞かれるのだ。

しかし私は、観察をしているつもりはまったくない。ただ、「他の人たちは何を考えてるんかな」と、他人の考えを推察することが好きなのだ。

例えば、ある打者がチャンスで凡退し、4打数ノーヒットで試合を終えたとする。その翌日は、「この選手は昨日の試合は打てんかったけど、何を考えながらバッティング練習をしているんかな」と想像しながら、練習を見るようにしている。

その選手が、昨日と打ち方を変えていたりすると、「ああ、何かきっかけが欲しいんやな」と、選手の気持ちがわかるのだ。

他人の気持ちを知る術《すべ》のひとつに「こちらは喋らずに相手に喋らせる」という方法がある。

よく喋る人間は、必要以上に自分に不安を抱えているか、もしくは、自分に自信がないからそれを隠そうとしているかのどちらかだ。

これは私の経験上、間違いない。こちらが黙っていれば沈黙を恐れ、相手は喋りだすのだ。そうすれば相手の考えを自然と読み取ることができる。

この法則は、私自身が団体競技をするようになり、中学生の頃だろうか、何となく気付き始めたものだ。

先に自分の考えをすべて相手に伝えてしまうと、相手は何も考えないで私の意見を聞くだけになってしまうということもある。

これはどんな場面にでも応用できる。

誰かが監督の私に進言してくる際、自信がある者は簡潔に要点をついてくるし、自信がない者はポイントがぼけていて、だらだらと長い話になる。これは一般社会においても、共通しているのではないだろうか。

## 選手に直接アドバイスするのは最後の手段

2003年、星野監督の就任2年目のシーズン。あの年の開幕オーダーは、1番今岡、2番赤星、3番金本、4番濱中だった。

ところが4番濱中が開幕カードの2試合でまったく打てなかった。しかし、たかだか開幕して2試合だ。なのに、濱中は翌日のナイター練習で、1人だけ特打ちを命じられた。

打撃コーチの指示だったようだが、私は特打ちをやめさせるために、すべての分野に発言権がある島野ヘッドコーチにこう進言した。

「まだ開幕2試合しか終わっていないのに、4番打者に特打ちなどさせたら濱中をさらし者にするのと一緒ですよ」と。

「さらし者」の意味は、全国の阪神ファンに「僕は調子の悪い4番打者ですよ」という姿を見せているのと一緒だということ。

開幕早々、4番打者が別メニューで特打ちをするなんて、スポーツ新聞の格好のえじきだ。移動日で試合がない。記事にするネタもないところに、4番打者の濱中が特打ちをしていることがわかれば、それだけで大きなネタになる。

「4番濱中にメス。緊急特打！」という新聞の見出しが、容易に想像がつく。

それでなくとも阪神タイガースの開幕4番を任され、重圧を感じながら開幕を迎えているのに、濱中にも必要以上のプレッシャーがのしかかる。

新聞記者がいないところで「濱中、今の打撃の状態はこうやぞ」とアドバイスをするだけならまだいいが、公然と4番打者をさらし者にしてしまうのはよくない。

皆と同じ10分程度の打撃練習でいいのだ。「そんなに深刻に考えるな。すぐにヒットは出るから」くらいでいい。

一番良くないのはコーチの自己満足になってしまうこと。コーチが「今年の打撃コーチの俺はこんなに厳しい」と新聞記者などに見せようとして練習を命じるのは、かえって逆効果になる。それを押し付けられて一番困っているのは選手だ。

2試合連続ノーヒットなんて1年間のうちに何回も出てくるのだからコーチはどっしりと構えておけばいいのだ。

## エラーした時こそ、普通に練習をさせる

阪神が優勝に沸いた2003年、私は内野守備走塁コーチを担当していた。阪神内野陣のレベルアップを図ることが私の職務だった。

しかし、どれだけノックの雨を降らせ、基本的な技術レベルを強化したとしても、当然、エラーは出る。野球にミスはつきもの。いかにミスの確率を減らせるかが、勝敗を分ける。

選手がエラーをしたその日、あるいは翌日に特守をするコーチがいる。しかし、私はそれを得策だとは思わない。

「特守」とは読んで字のごとく「特別に守備の練習をする」ということ。

私は、ペナルティー的にノック数を増やしたりする「特守」はしなかった。選手がミスをした時こそ、いつもどおり普通に練習をさせる。エラーして、そのミスの重要性を一番わかっているのは選手自身だし、ミスの原因を一番理解しているのも当事者の選手だから。

負けた試合直後のミーティングを私が嫌うのも、理由は一緒。

ピンチで打たれた投手は責任を感じているし、チャンスで打てなかった野手も責任を感じている。担当コーチだって、何が悪かったのかその理由はわかっている。負けた時に自分がわかっている反省点を改めて指摘されると、誰しも腹が立つ。だから私は、負けた試合の直後は、何も語らずに監督室に入ることにしている。

次の試合までに確認しておかなければいけないことがあったとしても、それは次の試合の朝に話をする。ほとぼりが冷めて、皆が話を聞ける精神状態になってから説明したほうが、言葉が素直に耳に入り、記憶に残っていくものなのだ。

逆に勝った時は、すぐにコーチ会議を開いて、その試合の課題や、ここ数試合の穴を探して、指摘しあう。

こういう時は、コーチも選手も、相手の言葉を理解する心のゆとりを持っている。勝ち試合だからといって、選手全員が活躍しているわけでもないし、勝利に貢献できなかった選手もいる。勝ち試合の直後こそ、課題を確認するのに最適のタイミングなのだ。

ただし、例外もある。2008年のシーズン終盤、13ゲーム差をつけていた巨人に追い上げられていた。明らかに、流れは巨人に向いていて、勢いの差は明白だった。

こういう時は緊急ミーティングを開く。チームが極限まで追い込まれ、全員の力、全員の気持ちをひとつにしないと、チームが勝てないという状態に陥っていたからだ。

## マウンドに足を運び伝えるメッセージ

投手コーチでいえば、試合途中、投手が調子を乱した時にマウンドに行くのも、大きな役割のひとつ。

どのようなアドバイスを送るのかはコーチ次第。その結果、ピンチを乗り切ることができたらチームにとって大きいが、コーチ個人にとってもひとつの手柄になる。

だから、どの場面でコーチにマウンドに行かせるか、それも監督の大事な仕事のひとつになる。

絶体絶命のピンチでは、監督である私が自らマウンドに行くこともあるが、それはあくまで、試合展開が劣勢の時に限る。

2005年に阪神が優勝した時、その瞬間を目前にして、投手コーチから「監督、マウンドに行きますか？」と尋ねられたが、私はキッパリ拒絶した。そんな場面で格好つけても仕方ない。

2005年は、久保田が守護神として君臨してくれたシーズンだったが、藤川にセーブがひとつだけついている。あれは、仙台での楽天戦だった。

その次の日、久保田が膨れっ面で監督室にやってきて「なんで僕じゃなかったんですか」と、自分の偽らざる気持ちをぶつけてきた。

私は「あと何試合かしたらその意味がわかる」と、その時に多くは語らなかった。

シーズンはまだまだ長い。それなのに、久保田本人に「お前の調子が悪いからや」と直接言ってしまったら、抑え失格の烙印を押したのと同じになってしまう。

甲子園に戻った次の試合、さっそくセーブのつく場面で久保田を起用した。

私は久保田がリリーフカーに乗ってグラウンドに登場する前に、マウンドで待っていた。久保田は驚いていた。年に1度か多くても2度、それもシーズン終盤の大一番でしかマウンドに行かない私が、シーズン中盤、勝ち試合のマウンドにいたのだから。

それが、私にとっての「お前が守護神や」という、無言のメッセージだった。

監督が選手に対して直接アドバイスするのは、最後の手段。これは、阪神時代から一貫してきたことだ。監督の言葉は、コーチよりも当然重い。些細なことでも、選手は敏感にそれを感じ取るものだ。オリックスの監督に就任してからも、この方針は選手に伝えてある。

その代わりに、コーチを介してメッセージを送ったり、マスコミを介して間接的に伝わるように配慮している。

今年3月の全体ミーティングで、「ホームランを狙うのはカブレラだけでいい。後の選手はヒットでええ」と話したことがあった。

例えば、レギュラーを目指す、長打力が自慢のT－岡田は、どうしてもホームランでアピールしたくなる。そこをあえて力ませないための抑止力として、全体ミーティングで方針を明確にしようと思ったのだ。

その試合で、カブレラはホームランを放ち、T－岡田はヒットを2本放った。私は、すぐにマスコミに対して、T－岡田を名指しで評価するコメントを発した。

その言葉は間違いなく翌日の新聞に載るし、もし載らなかったとしても、記者を通じて、

T—岡田本人にも伝わっていく。

本人は「監督の真意はわからないけれど、力みすぎずに打席に入ることができる」と語っていたらしいが、それでいい。今、T—岡田はホームランを狙う必要はない。

それよりも、力まずにヒットを積み重ね自信を付けていけばいい。あのパワーがあれば、いずれホームランは出る。無理をして大振りしてスイングを崩していくことのほうがよくない兆候なのだ。

## 苦しい時こそ、今までどおりやる

阪神の監督を務めていた5年間で、1度だけ9連敗したことがあった。忘れもしない、2007年のゴールデンウィークだ。

甲子園でヤクルトに3連勝し、意気揚々と赴いた広島で3連敗。そのまま横浜に移動し2連敗。甲子園に戻り、再び広島に2連敗。巨人を迎えてまた2連敗。

結局、ゴールデンウィークを挟んで5月10日の巨人戦に勝利するまで、悪夢の9連敗を喫してしまった。この9連敗で、一瞬とはいえ単独最下位という初めての屈辱も味わった。

実はあの9連敗中、連敗を止めるために脳裏をかすめたアイデアがあった。それは22年前の1985年、阪神が優勝した年にひらめいたものだった。

吉田義男監督に率いられて優勝を成し遂げた1985年。あの年はいろんな出来事があった。8月12日、日航機墜落事故で、搭乗していた球団社長の中埜肇《なかのはじむ》さんが急逝された。チームの戦いぶりも、良い悪いがはっきりしていて、勝てば大勝、負ければ大敗という試合が多く、シーズン中に6連敗が2度もあった。

1度目は2007年とまったく同じゴールデンウィークの期間中。選手会長を務めていた私は、選手だけを集めてミーティングを開くことにした。

私たちは、膝を突き合わせて、真剣に討論した。そして話し合いの結果を、私が吉田監督に直接話すことになった。「勝つためにはこれしかない」というアイデアとともに。

しかし、吉田監督に直談判した途端、即座にその戦法は却下された。

その内容は、「中西、福間さん、山本（和）の中継ぎ&抑え投手3人を、オールスターゲームのように3イニングずつ投げさせる」という策だった。

先発投手が打たれてばかりいるから、試合にならない。ならば、計算のできる、抑え投手3人を順番に投げさせ、まずはひとつ勝とうという作戦だったのだ。

今思えば、選手の考えつくアイデアなんて、たかが知れている。選手の頃はその程度の作戦しか頭に浮かんでこなかった。何で勝ったのか、何で負けたのかということを、日頃から突き詰めて考えていないから、そんな陳腐な作戦しか浮かんでこないのだ。

これが、いかに安直な考えであったか、監督になった今ならよくわかる。

チームに本当の勢いをつけるためには、「負け続けている投手」に、白星をつけてあげなければいけないのだ。抑え投手3人に、3イニングずつ投げさせるという発想は、逃げの発想だ。

あの時我々は何をすべきだったのか。それは、「いつもどおりやること」だった。

2007年に9連敗した時、吉田監督の顔を思い浮かべながら、そんなことをふと思い出したのだ。JFKに3イニングずつ投げさせてみたら――と。

もちろん、そんなことはしなかったが、金本が2ランホームランを打って、連敗はストップした。

「調子の良い選手だけを使っていてはいけない」という吉田監督の教えは正しかったのだ。

# 第3章 勝利の秘訣はマイナス思考の采配にあり

## マイナス思考のメリット

機先を制し積極的に動いて、時には奇策を用いるうちに、「○○マジック」と形容されることがある。

例えば、3打数3安打と絶好調の打者に打順が回ってきた。普通に考えれば、代打を出す必要はまったくない。

しかし、この日3本も打っているんだから「4本目の可能性は低い」と考えて、代打を出すという考え方もある。その逆で、3打数ノーヒットで、チャンスに打順が回ってきた打者に「そろそろヒットが出るやろう」と考えて、そのまま打席に立たせる場合もある。

こういうセオリーの逆をいく作戦が功を奏すと、「マジック」と呼ばれたりするわけだ。マジックと呼ばれるような采配を振るためには、発想を常にストックしておいて、しかるべき時にその引き出しを開けなければならない。過去の先人たちの手法を、そのまま模倣するのはマジックではない。

手品《マジック》を思い浮かべていただきたい。手品は摩訶不思議《まかふしぎ》、モノや人が出たり消えたりしてお客さんを魅了する。だからマジックなのだ。相手チームが「奇策はないな」と思っている時に出すからこそ、有効な手段になりうる。

ただ私は、戦況が膠着《こうちゃく》すればするほど、動きたくなくなる性分だ。「相手はどうしてくるのか」と熟考しているほうが面白いから、ベンチでも静かに構え「こちらからは動かない」と腹を決めている。

ただし、試合の流れは読んでおかなくてはいけない。その場、その場で采配を考えていたら打つ手が遅れ、後手後手にまわってしまう。相手の監督が動くよりも前にその先を想定しておかなければならない。

試合が始まってすぐに、打撃コーチに「相手の立ち上がりが良いから、5回までは得点できんぞ」などと言うこともある。流れを変えようと、無理に動いて点を取りに行く必要はない。こういう時は「6回以降が勝負だから、準備しておけ」と指示を出し、監督の私は泰然自若《たいぜんじじゃく》としている。

私は常に、考えうる最悪の展開を想定して、試合に臨む。

相手の先発が高卒のルーキーだったとしても「今日はいけそうや」などとは考えない。試合が始まってみると予想以上の立ち上がりを見せてくることだってある。

エース対決の時は、およそ投手戦になるものだが、そうは決めつけない。コーチには

「今日は1点勝負やぞ」と言うこともあるが、頭の中では先に失点した時のことばかり考えている。

準備だけはしておいて、もし相手のエースが先に崩れてくれたら、それはそれで儲けもの。そのまま流れに乗っていけばよい。

つまり常に「マイナス思考」で、試合に備える、ということだ。

マイナス思考というと、勝負に対して弱腰のように感じるかもしれないが、悪い時の対処法を常に想定しておけば、試合中に何が起こっても対応できる。

準備だけしておいて、実際は何もしなくて勝てればそれに越したことはない。

監督が何の不安も抱かずに試合が運んで勝利する、理想の展開なんていうのは、年間144試合で、2、3試合あるかないかなのだから。

## シーズンは0勝144敗から始まる

言うまでもないが、プロ野球12球団すべての監督が、144試合、全試合の勝利を目指して、日々戦っている。戦う前から「今日は負けてもいい」などと考えている監督はいない。

だが、シーズンを144勝0敗で終えることは、不可能だ。75年にわたるプロ野球の歴史のなかで、最多勝利数は1955年に99勝した南海。つまり、どれだけぶっちぎりで優勝しても年間約50試合は、負けるのだ。

極端かもしれないが、私は「シーズンは0勝144敗から始まる」と考えている。それも、マイナス思考の発想からきたものだ。

開幕前の時点では、すべての試合で負ける可能性がある。全勝優勝がありえないように、シーズン通して全敗などということは現実的にはありえないのだが、そういう心構えでシーズンに臨むのだ。そうすれば、あらゆる可能性に対して、万全の準備をして試合に臨むことができるし、突発的なアクシデントにも対応しやすい。なにより、試合中にどんなことが起こっても、慌てなくてすむ。

負けてもいいと思って試合に臨むわけでは決してない。マイナスからスタートすれば、あとはプラスに転じるだけ、ということだ。

ただ、144試合をひとつひとつ獲っていく、という考えでもない。そんな考え方をしていたら、優勝ラインの80勝が、はるか遠い数字に感じてしまうからだ。

シーズンは1ヵ月単位で考えるのが、ちょうどいい。1ヵ月ごとに、最低でも5割、できれば少しの貯金を作る。それが実現できれば、十分合格点である。

## あわよくばと期待を抱いてはいけない

「野球は確率の競技」である。例えば、チーム防御率0点の投手陣ならば、シーズン通して相手に、1点も与えることはない。打率10割の打者がオーダーに並べば、永久に得点し続けることになる。

しかし、いくら最高峰のレベルにあるプロ野球の選手といえど、毎回、完璧に結果を残し続けることなどできない。だからこそ勝負は面白いのだ。

勝負に勝つ確率を、どのようにして高めるか。

例えば犠牲バントは、ランナーを進塁させるために、一番確実な手段だと考えられている。ただし、このバントひとつとっても、監督の意図と選手の認識が一致していなければ、勝利はおぼつかない。

例えば、無死二塁で、監督が犠牲バントのサインを出したとする。

この場面での最高の結果は、バントが成功して、1死三塁になることだ。

この時に打者が一番してはならないのが、自分もランナーとして生きようとしてセーフティバントをしたり、四球を選んだりすることだ。

よくあるのが、送りバントがファウルになり、カウント2—3になって、最終的に四球で打者が出塁するといったケース。四球を選んだ打者は、出塁したことでバント失敗をフォローできたと思っているかもしれない。しかし、それは大きな間違いだ。ランナーが2人出たから一見チャンスが膨らんだように見えるが、そうではない。無死一、二塁より1死三塁のほうが、1点が入る確率は、はるかに高い。

ベンチはランナーを三塁に進めたいがために、1死になってでもバントの選択をしたわけである。四球を選んで、無死一、二塁になったとしても、事態はなにも進展していない。次の打者も困惑するだろう。1死三塁の状況をイメージしながら、相手投手とのタイミングを合わせていたのに、百八十度違うシチュエーションで打席を迎えることになるのだから。

むしろ次の打者にしてみれば、バントを失敗してくれて、1死二塁の状況のほうが打席に立ちやすいかもしれない。無死一、二塁になると、ベンチからのサインを気にしなければならなくなるからだ。自分は打つ気満々で準備していたのに、犠牲バントのサインが出る可能性が出てきたわけだから。

つまりは、「あわよくば」という色気を出してはいけないということ。選手もそうだが、特に、監督にこの邪心があると、チームの流れがたちまちおかしくなってしまう。

野球を見ていて、このようなシーンがあったら、注意深く見てほしい。えてして、得点にはつながらないケースが多いはずだから。

## 勝負事は勝ち続けたらあかん

私には「勝負事は勝ち続けたらあかん」という持論がある。

ファンの皆さんは、「勝って勝って勝ちまくって、早く優勝を決めてくれ！」と思うかもしれない。ただ、ひとつひとつの試合に「流れ」があるように、シーズン全体にも流れがある。

10連勝すると、その後に10連敗するような気がするのだ。これは選手時代から感じていたこと。現役時代、11連勝した直後に、8連敗したことがあった。これがトラウマになっているのかもしれないが、通常ではありえないような連勝をしてしまうと、その後に来るであろう反動が怖いのだ。

その連勝中には、選手起用における少々の無理も含まれているはずだ。すると、連勝が止まった時に気持ちに変化が起こり、それがマイナスに作用しかねない。

企業経営にたとえると、バブル景気に煽られて、ある時期だけ予想以上の業績を挙げた会社のようなものだろうか。そういう会社は、バブルが弾けたら、一気に売り上げを吐き出してしまう。それよりも、コツコツ安定した業績を残している会社が、最後は強い、というのと同じだ。

安定して白星を積み重ねているチームには、極端な連勝は必要ない。3連勝、4連勝くらいでいい。そして、連勝が止まった試合から、しっかりと反省点をあぶりだす。成功ばかりが続くと、チームが欠点を抱えていても、どうしても見過ごしがちになる。

私自身、監督として10連勝以上は経験したことがないが、安定した戦いができているならば、10連勝など必要ない。

プロゴルフの試合でも聞いたことがある。1日で10アンダー近いビッグスコアをマークすると、次の日はスコアが伸びにくいと。

こういうスコアには、間違いなく奇跡的なチップインや、ロングパットの成功が絡んできているはずである。

野球でもそうだ。10連勝の中には、想定外の活躍をしたラッキーボーイの存在が必ずある。

しかし、連勝に気をよくして、ラッキーボーイの活躍を過剰に期待するようになってはいけない。

巨人の猛追を受けていた2008年のシーズン終盤、阪神はヤクルト相手に3試合連続サヨナラ勝ちを収めたことがあった。

だがあの時私は、「これはあかん」と感じた。試合序盤に1点を取った後、中盤はチャンスすら作れなかったのに、最終回にまた1点取って勝てた。

3試合連続のサヨナラ勝ちに、関西のマスコミもこぞって「これで優勝間違いなし」と騒ぎ立てた。

同じ1点差でも3―2や、4―3というように試合が動いた中での、1点差勝ちの3連勝なら「よし、いけるぞ!」という気持ちになれていただろう。だが、この3連勝には、なんの必然性もなかった。

つまり私は「勢いで勝つ」ことが好きではないのだ。例えば、連勝が10まで伸びると、そこには明らかに「勢い」という不確定要素が介在している。チーム力が安定している時は、勢いは必要ない。

ただし、今年のオリックスは別だ。オリックスは「まだ勝ち方を知らない若いチーム」だからだ。阪神の時のように常勝チームとなって、選手自身が「勝ち方」を理解してくると、多少連敗しても、チームは大きくは崩れない。

しかし、今年のオリックスのように勝ち慣れしていないチームの選手たちは、多少負けが先行してくると、必要以上に焦りが生まれてくる可能性がある。

だからこそ、開幕からのスタートダッシュが重要となってくる。幸い交流戦がスタートしてから、プロ野球のシーズンにはいくつかの開幕が設定された。今シーズンのパ・リーグ開幕、交流戦の開幕、そして再びパ・リーグ開幕、さらにオールスターゲーム後の後半戦開幕。節目節目でそれまでの流れをリセットすることができる。

## 負け試合で戦犯を作らない

勝ち負けには必ず理由がある。いや、なければならない。

なぜ勝ったのか説明できなければいけないし、負けた時も敗因が必ずあるものだ。

例えば、今日は自分たちはいい試合をしたけれども、たまたま相手が上回った。投手起用の順番を間違えた。すべての結果に必ず理由はある。

もうひとつ大事なのは、負け試合で戦犯を作らないこと。

1人の主力バッターが打てなかったから負けた、という状況を作ってはいけない。負けた時も、全員に責任が分散されているほうが望ましい。

ただ、勝つ時は1人のヒーローでもいい。スタメンのうち8人が1本もヒットを打てなかったが、1人が4本ホームランを打って勝った。そんな内容でもいい。

優勝チームでも、年間約50回は負け試合があるわけだから、そのたびに、1人に責任を負わせていたら、健全なチームにはなれない。だから負ける時の、負け方が重要になる。

## 新人投手の登板には細心の注意を払う

「ローテーションの谷間」、こんなフレーズを一度は耳にしたことがあるのではないだろうか。長いシーズンを戦っていると、年に何度かは、先発投手陣だけではまかなえない、隙間の日がある。中5日や中6日の間隔ではめ込んでいくと、その日だけどうしても該当する投手がいない、という状況になるのだ。

こんな時によくあるのが、「若い投手を先発させて経験を積ませる」という考え方である。しかし、これは間違った起用法といっていい。

例えば、相手は北海道日本ハムファイターズで、相手の先発投手はダルビッシュだったとする。しかし、こちらはローテーションの谷間。こういうシチュエーションで監督がとるべき方法は2つある。

ひとつは、登板間隔を短くして、中5日でローテーション投手を先発させる方法。

もうひとつは、2軍から若い投手を昇格させて、チャンスを与える方法。

おそらく多くの人は「相手はダルビッシュ。負ける可能性も高いのだから、若い投手にチャンスをあげればいいのでは」。そう答えるだろう。

しかし、その発想はダメだ。

一見、若い投手にチャンスを与えているように見えるが、事実はその逆。若い投手を先発させる時は、相手チームがどこで、相手投手が誰なのかということをじっくり吟味しなければならない。

阪神に上園啓史という2007年に新人王を獲得した投手がいる。

その年の上園は、17試合に登板し8勝5敗、防御率2・42という素晴らしい数字を残した。もちろん上園本人の努力があり、その才能が開花したわけなのだが、上園の1軍デビューには監督として最大限の配慮をした。

上園は2軍でシーズンの開幕を迎えた。1軍に報告されてくる2軍での投球内容は、決して良くなかった。しかし、交流戦を前にした5月、私は上園を1軍に呼ぶよう、投手コーチに命じた。理由は簡単。ローテーションに谷間ができたからだ。

だが私は上園を勝たせるために1軍に呼んだ。単に経験を積ませるというだけではなく、上園が勝利投手になれるように深慮した。

上園の初登板・初先発は、2007年6月8日のオリックス戦だった。

最終的にシーズン最下位に終わったこの年のオリックスは、攻守にわたって勢いを欠いていた。相手先発投手は平野佳寿。ローテーション投手の一人だったが、調子の良し悪しがはっきりしている投手だったこと、チーム全体に平野を援護する力が乏しかったことを考慮し、上園をマウンドに送った。

プロ初マウンドの上園は、5回4安打1失点と上々のピッチング。上園に白星こそつかなかったものの、次回登板に十分に期待を抱かせる内容で、試合も2―1で阪神が勝利を収めた。

上園の初勝利は、3試合目の先発となった6月20日の楽天戦。自信をつけた上園は、まだプロ入り1年目の田中将大との対戦を制した。上園は6回わずか1安打の無失点でプロ入り初勝利を飾ったのだ。

ブルペンの投球練習だけで判断するならば、上園は先発ローテーション投手として、自信を持って送り出せるようなボールは投げていなかった。2軍からの報告も芳しくない。

しかし、初先発で自信をつけてからは、好投を続けているうちに白星を先行させ、最終的には8勝をマークし、新人王まで獲得した。

プロの洗礼を覚悟して、厳しい状況をいきなり経験させるのか、あるいは首脳陣が最大限の配慮をして、最初に大きな自信をつけさせるのか。

私は、実績のない若い投手ほど、1軍で初登板させる試合を見極めてあげなければならない、と考える。相手との力関係、その時のチーム状況、すべてを勘案して、試合に起用することが望ましい。若い投手が挙げる1勝が、どれほどの自信となっていくことか。10段階評価で5くらいの投手が、初登板で勢いに乗り、一気に7、8くらいまで急成長してくれることは、ままあるのだ。

## 選手をすぐに立ち直らせるコツ

プロ野球のペナントレースは、144試合の長丁場を戦う過酷なものである。

負けたら終わりのトーナメントではなく、負けてもすぐに次の試合がやってくる。勝ち負けに一喜一憂している余裕はないが、時には負けを引きずってしまうこともある。特に選手は繊細だ。

２００９年8月21日、京セラドーム大阪で行われた広島戦。阪神の能見篤史が、序盤2回で7失点した試合があった。あの試合、私はテレビ中継の解説を担当しており、その中でこんな話をさせてもらった。

「2回で能見を降板させ、明日、もう一度先発させてみるのもおもろい」と。

翌日の阪神は、ちょうどローテーションの谷間にあたり、投手のやりくりに困っていた。その状況を解消でき、さらに序盤の大量失点で気分の晴れない能見を、翌日すぐに立ち直らせることができるからだ。

一度打たれた投手が、次回に登板するまでの5日間、6日間を、どれだけモヤモヤした気分で過ごしているか。それをいち早く解消するためには、時間を開けずに短い間隔で投げさせてあげることが一番だ。

結局その試合で能見は5回まで投げて、翌日の谷間には中継ぎ投手の阿部健太が先発した。能見を5回まで投げさせたことが悪いとは言わない。しかし、中継ぎの阿部を先発させるくらいなら、能見に連投させるのも面白い、と思ったのだ。

また1985年、阪神が日本一に輝いた西武との日本シリーズでこんなことがあった。

第4戦の9回表2死二塁、シーズン中も中継ぎの大黒柱として活躍した福間さんが、西武・西岡良洋に勝ち越しとなる2ランを浴び、負け投手になった。

続く第5戦でも、吉田義男監督は福間さんを起用した。4回表1死満塁のピンチ。西武は代打に、前日決勝ホームランを放っている右の西岡を再び打席に送ってきた。

ここで吉田監督はマウンドに歩み寄り、内野陣も集まった。福間さんは監督がマウンドに来たから、交代だと思ったらしい。しかし、吉田監督は「勝負やぞ！　勝負やぞ！」と福間さんに熱い気持ちを伝えていた。

このピンチをショートゴロ併殺打に打ち取った福間さんは、勝ち投手となった。

選手が失敗をしたら、監督はできるだけ早く汚名返上のチャンスを与えてあげなければならない。もちろん、そのタイミングがすぐに訪れないこともある。

しかし、チャンスが早々に訪れたのなら、その機会を生かすも殺すもベンチの首脳陣、監督次第である。

## 敗戦処理はいらない

完全な負け試合で、途中から登板する投手を「敗戦処理」と呼ぶことがある。

しかし、私は監督に就任してから一度も、敗戦処理のために投手を起用したことはないし、敗戦処理投手をブルペンに待機させたこともない。

コーチによっては、「念のために、敗戦処理をベンチに置いておきましょう」と言う者もいるが、そういう時は「何で必要なんや!」と一喝する。

敗戦処理を使うメリットは、「勝負どころで起用する他の投手たちを無駄に使わなくてすむ」という点にある。

だが私は、この敗戦処理が最も嫌いだ。1軍投手としてメンバーに登録しておきながら、その実、1軍の戦力としては期待していない、ということになるのだから。

そんな投手だったら1軍ベンチにはまず置かないし、1軍の選手は、野手も投手も、登録メンバー全員がチームの勝利に必ず貢献してくれる選手たちだと信じて、戦っている。

「勝利の方程式」と呼ばれるような、必勝の継投ラインを作ることは大事だが、それ以外の投手は勝利に貢献しないのかといえば、そうではない。

それ以外の展開の時の勝ちパターンと考えればいいのだ。ビハインドゲームを誰の力を借りて逆転するか。こういった試合に投げてくれる投手が、実はチームにとって欠くことのできない大切な存在なのである。

シーズン144試合、もちろんすべて勝つつもりで試合に臨んではいるが、必ず負け試合はある。その負け試合に途中から登板した投手が、結果的に「敗戦処理」になる場合もあるが、私はその試合で投手をマウンドに送る時だって、敗戦処理などとは微塵《みじん》も考えていない。「この投手が流れを変えて、反撃のきっかけになれば」と常に期待を寄せて送り出しているのだ。

つまり勝ちパターンは必要だが、負けパターンを決めておく必要はないということだ。シーズンで何試合も負け試合はあるものだが、ハナから負けの準備をする監督はいない。「今日は負けてもいい」なんてことを考えているようでは、緊張感が途切れ、チームの雰囲気もダラダラと負けの流れに乗せられてしまいかねない。

# 第4章

# 育てながら勝つ

# ——2軍監督の極意

## 仰木監督が導いてくれた、指導者への第一歩

私が現役を引退したのは、1995年、阪神淡路大震災の年だった。オリックスで優勝を経験した後、16年にわたる現役生活に幕を閉じた。

私はその前年、仰木監督の誘いを受け、阪神からオリックスに移籍していた。イチローが大ブレークした年だ。

登録名を「鈴木」から「イチロー」に変更したり、仰木監督は本当に話題づくりのうまい監督だった。阪神から私を獲得してくれたのも、そういう意図があったのだと思う。「新天地でもう一度レギュラーを獲得し、チームの勝利に貢献します！」と表向きは強気のコメントを発していたが、内心は「どんな形でもいいからチームの勝利に貢献できたらええ」と思っていた。

そしてもうひとつ期待されていたのが、「指導者としての役割」だった。仰木監督が亡くなってしまった今では、真意を確認することもできないが、おそらくそうだろう。

オリックスでの1年目が終わった1994年で、事実上、私は気持ちの中で現役の一線から退いていた。

2年目の1995年6月下旬、私は2軍に降格した。米子《よなご》での試合後、仰木監督に直接呼ばれ、「2軍で若い選手の面倒を見てきてくれんか」と伝えられたのだ。

私自身も今シーズンで現役を引退しようと思っていたし、「1軍の優勝がかかった9月にはもう一度最後を飾ってもらうから。しっかり調整もしておいてくれ」という言葉も掛けられたので、私は何の躊躇《ためら》いもなくこの通達を聞き入れた。

その年のオリックスは、私が1軍にいなくても十分優勝できる戦力を有していたし、実際に「優勝できる」という手ごたえを、チーム全体が感じていた。

それが、私が指導者への道を歩む、第一歩となった。

私は監督としての基本的な考え方を誰かに教えてもらったり、真似たりしたことはない。コーチとして10人の監督の下で過ごしてきたけれど、誰のどの野球が良いというものはない。

監督自身の人間性も違えば、指揮を執る環境も違う、そう考えればまったく同じやり方を模倣して成功するはずがない。だから「この監督のやり方を導入しよう」という発想にはならないのだ。「こういうやり方もあったな」ということは時折思い出すけれど、それを実際にやるかやらないかは自分次第。私はやらないことが多い。

かつて一緒に野球をさせていただいた監督の手法を思い出すのは、どちらかといえば負けていて困っている時だ。頭の中に「あっ、そういえばあの監督はこんなやり方しとったな」などと思い浮かべることもあるが、ただ、それはあくまでも選手の目線で見ていただけだから、監督として私が実践することはない。

翌96年から2軍の指導者として第二の野球人生をスタートしたのだが、まず最初に驚いたのは、2軍のレベルの低さだった。

私自身は大学からドラフト1位で阪神に入団し、1年目からずっと1軍でプレーしてきたので、2軍のレベルを肌で感じたことがあまりなかったのだ。

ましてや、あの当時のオリックスの2軍は、おそらく12球団で一番レベルが低かった。初めは、こんな下手な選手を預かってどうしようかと、真剣に悩んだ。現役を引退したばかりの私は1軍レベルの技術、バッティング理論しか知らなかったので、どこからどう教えたらいいのか、まったく見当もつかなかったのだ。

自分が16年間1軍でやってきたことを、そのまま選手たちに伝えても身につかないだろうし、理解できないだろう。

## まず自分自身の目線を落とすことから始めた

まず私は、自分自身の目線を落とすことから始めた。そうしなければ、指導は始められなかった。

2月1日のキャンプ初日、夜間練習で最初に教えたのは、バットの握り方だった。

それも特定の選手だけではなく、ほとんど全員に教えた。そのくらい、皆基本ができていなかったのだ。「お前らバットの握り方がおかしいやろ。バットはこうして握るもんや」と自ら構えて、指導した。

そこが第一歩で、次はバッティングピッチャーが投げる極端に緩い球を打つ練習に取り組ませた。室内練習場で打撃練習をする時は、そればかりやらせた。

あの時は私もバッティングピッチャーとして、相当投げた。

最初は、一人二人ピックアップして室内練習場に連れて行く。すると皆が次から次へとやってくるのだが、「お前は打つな」とは言えない。

だから、毎回、大きな籠《かご》が2箱分カラになった。1日、500球ぐらい投げていたと思う。実際には、試合前の練習のフリーバッティングでも投げているから、600球とか700球くらいは、投げていたかもしれない。

あの時に肩をおかしくした。その後遺症で、阪神監督時代は、右肩に激痛が走ることもしばしばあって、ひどい時は右手に持っていたグラスを口まで運べなくなるほど、痛みを感じることもあったくらいだ。

目線を落として若手と向き合うことに、初めは戸惑ったが、もともとのレベルが低いので、伸びしろが大きく、成長するのも速かった。

私が指導者になった2年目の97年には、オリックスの2軍はウエスタン・リーグで優勝するまでになっていた。

若手が成長していく姿を見ているのは本当に嬉しいもの。これが2軍指導者の醍醐《だいご》味《み》なのだろう。

親は毎日見ているので子供の成長にはなかなか気づきにくいというが、あの時のオリックスの若手選手たちの成長ぶりは、毎日接していてもはっきりわかった。

## 差別はしないが、区別はする

オリックスの2軍監督に就任して1年目に出会った、2人の選手がいた。関吉雅人と西芳弘だ。彼らは残念ながら、1軍で活躍機会がないまま、プロ野球界から去っていったが、彼らとの出会いは、私のその後の指導者人生に、大きな影響を与えた。

関吉は、北海道出身。砂川北高校から92年ドラフト4位でオリックスに入団した右投げ右打ちの外野手。高校時代の愛称は北のゴジラ。

西は石川県出身。寺井高校から91年ドラフト6位でオリックスに入団したやはり右投げ右打ちの外野手。

91年、オリックスにはドラフト4位でイチローが入団しており、西はイチローとは同級生であり、プロ同期生だった。

プロ入りしてからずっと2軍生活を続けていた彼らは、シーズンオフが近づくたびに、「そろそろ呼ばれるかな……」と不安に駆られていたはずだ。呼ばれるというのは、球団フロントから、戦力外の通告を受けること。すなわち引退を宣告されるのだ。

2人とも出身高校から誕生した、初めてのプロ野球選手だった。

毎年故郷へ帰るたびに、地元の名士たちが盛大なパーティーを催して、帰郷を祝ってくれたらしい。彼らは地元の夢を背負ったヒーローだった。

福岡雁ノ巣球場でのダイエー（現・ソフトバンク）戦。

先攻のオリックスの攻撃が終わり、これから1回裏の守備に就こうかという時、私は西に声を掛けた。そしてコンパクトカメラを持たせて、外野の守備位置からスタメンオーダーの名前が並んだ、スコアボードを撮影させた。

「1番センター・西」「4番レフト・関吉」。

センターの西のほうがスコアボードに近かったので、彼に関吉の分も撮らせた。

そしてベンチに戻ってきた2人に「故郷の両親に写真を送ってやれ。1軍目指してがんばってます！　と手紙を添えて、両親を喜ばせてやれ」と伝えた。

しばらくして、お母さんから手紙が届いた。その手紙には、

「有難うございます。監督のお心遣いに感謝しています。でも、うちの息子の実力がどんなものかは私にもわかります」とあった。

私はお母さんからの手紙を読んで、込み上げるものをぐっと堪えた。

華やかな1軍の世界に羽ばたける若者もいれば、2軍のまま引退していく若者もいる。

これがプロの世界なのだ。

その2人は1軍の舞台を経験することなくプロ野球界を去った。

私は、この2人に関しては、最初から正直プロの1軍でやっていくのは難しいと思っていた。だが、プロの1軍の技術を、惜しみなく、できる限り一生懸命教えた。

それは現役を引退したとしても、彼らが「田舎のプレスリー」であることに変わりはないからだ。地元に帰れば英雄。出身校のプロ第1号で、唯一のプロ野球経験者なのだから。学校がある限り、プロ野球選手第1号の看板は外れない。

だったらその影響力を活かして、田舎に帰ったら少年野球や野球教室でプロの練習内容を教えて、「こんな凄いことをしないとプロ野球選手として1軍で活躍することはできないんだ！」と、伝えてほしかったのだ。

伝え聞いたところによると、彼らは田舎で野球を教えてくれているらしい。

教わった子供たちは、プロ野球選手に憧れ、またその子供たちが大人になったら、今度は自分の子供に野球の素晴らしさを伝えてくれるだろう。プロ野球を経験した指導者の存在は、各地で野球の底辺を拡大してくれると信じている。

## 高校卒業選手は3年でめどをつけろ

私が2軍監督として常々コーチ陣に伝えていたことがある。

「差別」はいけないが「区別」はしろ。そしてそのためには、指導者は区別する目を養わなくてはいけない、ということだ。

高校を卒業してすぐにプロの世界に飛び込んできた選手を預かる2軍の指導者の仕事は、まず3年をめどに、1軍レベルの力をつけさせること。

そして入団4年目には、数試合でも構わないから実際に1軍を経験させる。

大学を経てプロに入ってきた即戦力の選手たちは、実質、高校を卒業してから4年後にプロの世界に入ることになる。

大学を卒業していきなり1軍を経験するのと、高校を卒業してプロの2軍でじっくり鍛えあげられ、数試合でも大観衆の前で実際にプレーしていたのとでは、同じ年齢でも明らかにプロとしての経験の差が生じる。

毎年、ドラフトで高校生が3、4人入団してくる。もちろん、この選手たち全員が1軍でプレーできるわけではない。1軍枠は投手で12〜13人。野手で15〜16人。合計28人の選手にしか、1軍の門戸は開かれていない。この狭き門をくぐり抜けることができる可能性がある選手とそうでない選手を「区別」して育てていこう、ということなのだ。

私が阪神の2軍で、初めてはっきりと1軍を視野に入れた指導をしたのは、濱中と関本だ。その翌年に入ってきたのが井川。その翌年が藤川だった。

2軍の指導者ならば、だいたいモノになるかならないかの区別はつくものだが、一緒にグラウンドでプレーしている選手は、もっとはっきりとした差を自覚しているものだ。

例えば、自分の横で藤川がストレートをバンバン投げ込んでいれば、「自分もああいうストレートを投げたい」と投手の誰もが思うだろう。けれど、努力で補えるものと、そうでないものは、どうしてもある。

指導者は、「区別」はしても「差別」をしてはいけない。選手の全員を真剣に指導しなければならないし、指導に割く時間も変えてはいけない。あくまでも平等に扱いながら、しかし、指導者は心の中で、区別をきちんとしておく必要があるのだ。

区別せずに、全員に同じ指導をしたほうが、チームの将来につながるのではないか、という考え方もあるかもしれない。

しかし、全体のレベルを平均的に上げようとすると、どうしても下の選手にレベルを合わせた指導をしなくてはいけなくなってしまう。だからこそ、時には心を鬼にして、しっかりとした区別をして指導しなければ、1軍で通用する選手を育てることはできないのだ。

## 2軍監督に一番必要な資質は割り切り

そういう意味では、2軍の指導者に一番求められる能力は「割り切り」かもしれない。

指導者も人間だから、長年接していくうちに、選手に情が移ることもある。

客観的に見て、今後1軍でやっていけるだけの材料が見当たらないし、1軍昇格は現実的にはかなり厳しい。それでも、ひたむきに頑張る選手がいる。出来の悪い子ほどかわいい、というが、そんな選手ほどかわいく思えるものだ。

でも2軍の指導者はそこで割り切らないといけない。

結果がすべての1軍と違って、2軍の世界は必ずしも試合の結果を重視しない。結果で選手を判断しない、ということは指導者の主観的な判断がすべてということになる。だからそこに私情を入れてしまうと、2軍そのものが意味をなさなくなってしまうのだ。

毎年ドラフトで新しい選手が5~6人入ってくる。そしてその人数分、引退しなければならない選手がいる。

1軍でプロ生活をまっとうし、引退していく選手はファンの皆さんの記憶に残るだろうが、一度も1軍を経験せずに2軍のまま辞めていく選手は、引退したことすら世間に知られない。誰の記憶にも残らないまま辞めていく選手が2軍の世界には何人もいるのだ。

1軍選手を2軍に降格させるのは簡単だ。2軍とはいえ、まだ野球をやれる場所があるからだ。でも2軍の選手に引導を渡すのは、簡単ではない。その選手から野球そのものを奪うことになってしまうのだから。

区別するということは、プロ野球選手としての将来性を、2軍監督がはっきりと見極めてあげること。そこで情に流され、育成方針にブレが生じることは絶対にあってはならない。ある意味での非情さを持ち続けないと2軍の指導者は勤まらないし、そういう意味では、1軍監督よりも選手に対する割り切りが必要なのだ。

## T―岡田は育てながら勝つ野球の象徴

私の指導者としてのキャリアはオリックス2軍打撃コーチからスタートして、今年で14年目になる。2軍指導者としてのキャリアが7年あるので、実はまだ、2軍で若手選手とともに汗を流してきた時間のほうが、1軍の華やかな世界よりも長いのだ。

「育てながら勝つ」という考えは、私の監督論におけるベースになっている。

T―岡田は高校を卒業して5年目のシーズン。今年、私がその成長に期待を寄せている選手の一人だ。岡田姓が私と2人になるということで、球団が登録名を公募して「T―岡田」に決まった。

春季キャンプの前半、沖縄県宮古島キャンプの野手MVPに私はT―岡田を選んだ。

その卓越したバットスイングの速さと、日本人離れしたパワー、それに加え春季キャンプでの練習量は群を抜いていた。この春のキャンプで使用した打撃練習用の手袋の枚数は、それまでの倍を数えたらしい。

彼は一番良い流れの中でプロ入り5年目を迎えている。だから今年は勝負の年。

もし彼が今シーズン終盤を迎え1軍と2軍の境でもがいているような、野球界で言う「エレベーター選手」の立場に甘んじていたなら、それは私を含めた指導者側に大きな責任がある。

ただ、T—岡田に成長を期待しているからといって安易にポジションを与えることはしなかった。それでは他の支配下選手に対して失礼だし、キャンプイン前から私が発信してきた「横一線の争い」という言葉がウソになってしまう。

今季の交流戦、T—岡田は5月23日の巨人戦で、球団史上最年少の4番に座った。カブレラ、ラロッカがケガで戦線離脱したことがその理由だが、彼を4番に起用することに、何の不安もなかった。

T—岡田は5月に入る頃から、両足をワイドスタンスにし地面につけたままボールをインパクトする「ベタ足打法」に切り替えていた。それ以降、打撃は見違えるほど安定感を増していたからだ。

その巨人2連戦で、7打数5安打2HR。最終的に、交流戦だけで24打点、得点圏打率5割8分8厘（いずれも交流戦1位）を残し、MVPに輝く活躍を見せてくれた。

もし私が2軍時代から彼を指導していたならば、1軍候補選手として「区別」をして育成していた選手であることに間違いはない。

それだけ彼には魅力的な長所がある。それは日本人選手が持ち合わせないパワーがあること。これだけは教えようと思っても、教えられない部分なのだ。

この「区別」は、プロ入り前に実績を作ってきたからとか、鳴り物入りで入ってきたからとか、そういうことで決まるものではない。

指導者自身が、実際にそのプレーを確認したうえで判断すべきことだ。ドラフト上位でプロ入りしても、プロの世界では大成しない選手をこれまでにもたくさん見てきている。「区別」するための要素、それは打者ならバットスイングの速さや強さ、投手ならボールの速さやキレ。問題は、これらをどのように伸ばすかだ。

企業でいえば、有能な若手の部下がいて、その部下を伸ばしたいと思ってその部下だけに配慮をするようなことをすれば、他の部下がひがんだりすることもあるだろう。

ただ、プロ野球の世界が世の会社組織と決定的に違うのは、学歴などとは一切関係なく実力のみが評価される世界だということ。能力のある選手が成長して結果として数字を残していけば誰にも文句を言われない、本当の力の世界だ。

良いものは良いと判断するしかないし、年齢も関係ない。年功序列で試合出場が決まるということはない。だから、能力のある選手はチャンスをもらえるのだし、チャンスをもらった人間は、周囲を納得させる何かを見せていかなければならない。監督がこちらからお膳立てをしすぎると、選手もつらくなる。

「育てながら勝つ」という私のやり方に符合する、象徴的な選手がT―岡田と言えるかもしれない。

## 「心技体」ではなく、「技心体」

7年間にわたる2軍の指導生活では、いくつもの発見があった。

スポーツ界では、よく「心技体」という言葉を耳にする。しかし、私はあえて「技心体」と言葉を変えて、よく選手たちに話してきた。

つまり、一流の選手になるためには、まず技術がありきでその次が精神面の充実、そして最後に体力がくる、というものだ。高校を卒業して、プロに入ったばかりのルーキーが一番最初にやることは体づくりだと、多くの人が考えているようだが、私の指導方針は少し違う。

7年間、2軍選手を指導して実感したのは、1軍と2軍の技術レベルの差だ。体力だけなら、アマチュアの世界にもプロ以上の選手はいる。

プロとアマの一番の違いは技術にほかならない。

これはどのスポーツでも実は一緒で、例えば、ゴルフでも、プロより飛距離の出る学生アマチュアはいくらでもいる。でも、いくら体力があっても技術がなければプロの試合には出場できないし、試合に出場したとしても予選通過はできない。

選手という生き物は、若くて実績がない時しか指導者の言うことを「はい、わかりました」と素直には聞かないものだ。プロの世界で生き抜いていく限り、プライドを持つことは大事だが、時に小さなプライドが、成長を妨げる要因になることもある。

指導者の話に素直に耳を傾けてくれる時期に、しっかりと技術を教えなければいけない。だからこそ2軍は心技体の「技」のプライオリティーが一番高いのである。

2軍には、体だけ逞しくなって技術が上達しないまま引退していく選手が大勢いる。これは、実はダメな2軍選手の典型的なケースなのだ。

これは、実は指導者の責任でもある。

「まずはプロ選手としての体づくりを」と方針を掲げ、体力強化ばかりを優先させて、プロの世界に一番必要な技術を教えてあげないから、そうなってしまうのだ。

技術を身につけ、今まで打てなかった変化球が打てるようになれば、野球がますます面白くなって、練習にもそれまで以上に、積極的に取り組むだろう。

そうすれば、体力などは意図的につけようとしなくても、練習量に比例して自然についてくるものなのだ。

## 守りの野球に目覚めた時

5年ぶりに指導者として阪神に戻ったのは、1998年のことだった。

吉田第3次政権とでも言おうか、1997年に、三たび、吉田義男監督が阪神の監督に就任し、その2年目を迎えるタイミングだった。

吉田監督が「オカよ、そろそろ阪神に戻ってこんか」と、声を掛けてくれたのだった。

阪神に戻った当初の肩書は「2軍打撃コーチ」。

あの年の阪神2軍はとにかくよく打った。ウエスタン・リーグで優勝を飾ったが、3番関本、4番濱中、5番北川を固定して、他球団を圧倒する打力を武器に勝ち進んだ。シーズン開幕前、開幕オーダーの決定を託された私は、この若い3人の選手をクリーンアップに選んだ。

関本賢太郎は、奈良県天理高校を卒業して2年目の19歳。濱中治も和歌山県南部《みなべ》高校を卒業して2年目の19歳。北川博敏は日本大学を卒業して4年目の25歳。

しかし、2軍首脳陣は、この若手中心のクリーンアップで1年間戦うことに賛成してくれなかった。

「実績のないこの主軸では勝てない。これではチームが負けてしまう」という理由だ。

しかし、私も譲れなかった。

前年のウエスタン・リーグの優勝チームは、私が率いていたオリックスだった。

5位に終わった阪神は、大きく舵《かじ》を切る必要がある。それは、対戦チームの監督として切実に感じていたことだった。

最後は首脳陣を説得し、阪神は打ちまくり、ウエスタン・リーグで優勝を遂げた。

あの時のチームはあまりに打つので、シーズン終了後に参加していた黒潮リーグで、ホームラン賞がなくなったこともあった。1試合で8本もホームランを打ったものだから、ホームラン賞として用意されていた、地元の名産ゆずポンジュースが足りなくなってしまったのだ。

打撃コーチとして、打ち勝つチーム作りに貢献できたという手ごたえがあった。

しかし、その黒潮リーグの途中から、私の肩書が「2軍監督代行」に変わった。

コーチから監督代行に昇格して、一番変わったのは、ブルペンに足を運ぶ機会が増えたこと。特にキャンプ中は、大半の時間をブルペンに割いた。

打撃コーチの時は選手に打たせることが仕事だったし、ブルペンに行く時間はもちろんとれない。監督になって初めて、投手の重要性を再認識した。そこから、徐々に「守りの野球」へ、意識がシフトしていくようになった。

まさに「立場が人を変え、価値観を変えていった」のだ。

## ゲッツーを打ってこいとあえて言う

オリックスから阪神に移って、まだ2軍選手の状況をすべて把握できていなかった時期のこと。無死一塁の場面で、北川がバッターボックスに向かうと、ベンチがざわざわした。

「何をざわついてるんや？」と聞くと、「北川は、きっとゲッツー打ちますよ」と返ってきた。案の定、北川はゲッツーに倒れた。

次の試合、同じ状況で北川に打席が回ってきた時に、私はあえて「ゲッツー打ってこい！」と言って送り出した。

ベンチは皆黙ってしまったが、結果は三遊間を抜けていくヒット。

ゲッツーを怖がらずにバットをきっちり振り切ったから、打球が強くなり、野手の間を抜けていく。それまでは、悪い結果を怖がって当てにいくから、ショートゴロになっていたのだ。

## 65人が皆同じ野球を目指さなければならない

1球団の支配下登録選手は70人。70人枠いっぱいに選手を保有する球団もあるが、概《おおむ》ね1軍・2軍合わせて65人前後の選手をひとつの球団が抱えている。

優勝するためには、1軍と2軍が目指す方向性を共有しておかなければならない。

もちろん、それを決めるのは1軍の監督の仕事。2軍の方針は2軍監督に任せた、という姿勢では、うわべだけの組織になってしまう。

2軍の状況を知るために、下からの報告だけに頼っていてはいけない。1軍監督は率先して2軍組織の在り方を知ろうとしなければならないし、投手コーチも打撃コーチも1軍・2軍が同じ方向を向いていなければいけないのだ。

例えば、1軍と2軍で選手を入れ替える時に、2軍から推薦された選手がどういう立場でどういう練習をしてきているのかを知らなければ、どう使っていいかわからないはずだ。しかし、同じコンセプトの野球を目指して、練習を積み上げてきていれば、誰が1軍に昇格してきても、選手も迷わずにプレーできるし、監督も信頼して使えるはずだ。

阪神の監督時代から私は、時間を見つけては、2軍の試合を視察するようにしていた。

今でこそ少なくなったが、かつては「親子ゲーム」がちょくちょく開催されていた。「親子ゲーム」とは、1軍と2軍が同じ日、同じ球場で続けて試合をすることだ。日中に2軍が試合を行い、そのまま入れ替わりで1軍がナイトゲームを戦う。

今は阪神にしても、オリックスにしても、2軍が立派な専用施設を保有しているので、さすがに同一球場で試合を開催することは少なくなったが、それでも本拠地からそう遠く離れていないところに2軍球場を構えているので、視察するのは簡単だ。いつもより少しだけ早く起きればすむことだ。

この「少しだけ」という意識を常に持ち続けることができるか。それが大事なのだ。

これはどんな仕事をしている人にも当てはまるのではないか。他人より少しだけ労をいとわずに取り組む。積もり積もればこの「少しだけ」の差が、後々大きな差となって現れてくる。

こんなことがあった。1軍のナイトゲームを終え、いつも贔屓にしているJR神戸線甲子園口駅近くにある居酒屋で、関係者と朝方近くまで野球談議に花を咲かせていた。

自宅に戻ってシャワーを浴び、2～3時間は寝ただろうか、目覚ましに起こされると私はそのまま、甲子園球場で行われる2軍の試合に足を運んだ。

いくら阪神といえども、1軍監督が2軍の試合を視察したくらいでスポーツ紙にその動向が掲載されるわけではないが、その日はたまたま人気バンド・TUBEの前田亘輝さんが、2軍を観戦に訪れていたので、横並びで一緒に観戦している姿がスポーツ紙に掲載されたのだ。

その記事を見た関係者は驚いてこう言った。

「すぐに昇格させる予定の選手がいるわけでもないのだから、少しは体を休めたほうがいいですよ」

たしかに、プレッシャーのきつい勝負の世界に身をおく者にとって、心身をリフレッシュさせることは重要だ。休む時は私もしっかり休む。

ただ私の場合、家でゴロゴロして体を休めることができないタイプ。シーズンオフの休日は、もっぱらゴルフに出かけるなど体を動かしながら心の休息を優先させる。そんな性分なので、どれだけ睡眠時間が短くても普段の生活のサイクルの中で視察に行くような感じなのだ。特別に「明日は2軍の視察だから早起きせな」などと考えたことは一度もない。

# 第5章　監督はつらいよ
## ――コーチ、選手とのコミュニケーション法

## 監督の理想の野球ができるのは日本代表監督だけ

私には「常にこういう野球をしたい」という理想はない。どれだけ高尚な理想を掲げても、チームの戦力バランスによって戦法は変わるものだからだ。

阪神での監督時代と、今シーズンのオリックスでの戦法は間違いなく変わってくる。当たり前の話だが、オリックスは前年度最下位のチームで、阪神は常に優勝争いが義務づけられていて、それだけの戦力も有しているチーム。その戦力差には格段の開きがある。

「こういう野球で戦い、頂点を目指します！」と理想を掲げられるのは日の丸を背負った日本代表の監督くらいだろう。プロ野球12球団から優秀な選手をピックアップして、自分の思い描いた理想のチームにはめ込み、指揮を執ることができるのだから。

しかし、根底にあるのが「守り」だということは揺るがない。

１９８５年の阪神は猛虎打線とまで呼ばれ、打ち勝つ野球で日本一を果たした。しかし、打ち勝つ野球は長くは続かない。猛虎打線にしても、２００１年パ・リーグを制した近鉄イテマエ打線にしてもわずか1年しか持たなかった。打ち勝つ野球は、持続性がないのだ。継続して優勝争いができるチームを作るには、やはり「守り」の野球を基本に置く必要があるのだ。

## 三位一体でなければいけないが、仲良しグループはダメ

チームは三位一体でないと絶対に優勝することはできない。

三位とは、球団（フロント、スカウトなど）、現場（監督、コーチなど）、選手を指す。すべてのセクションが同じベクトルを向いていなければ、チームは機能しない。

この3つのセクションで、唯一、ゲームに直接関わらないのは、球団である。

現場と選手は、日々、戦いの場に身を置いている。しかし、球団はいざシーズンが始まれば、日々の試合に直接関わることはできない。

一番避けなければいけないのは、負けが続いたり、優勝争いから落ちかけたり、悪い方向にチーム状況が傾いた時に、勝手に優勝を諦めた球団の人間が、冷めた態度で現場に顔を出すことである。

球団スタッフのほとんどは、給料制のサラリーマンである。1年ごと、1試合ごと、1球ごとに、人生を懸けて戦っているプロ契約の立場とは、考え方が違って当たり前だ。

しかし、チームに対する気持ちの温度をひとつにすることはできるはず。時としてこの

温度に差が生じ、試合の勝ち負け以上に、チーム状況を負のスパイラルに陥れる元凶となることがある。

私は組織には必ず、トップに反論できる人間が必要だと考えている。

バランスよく三位一体を保てたとしても、組織全体が仲良しグループになってしまっては、現状以上の成績を収めることはできない。

現場の全権を託されている1軍監督とは、違った角度の野球観を持つ存在が、チーム内にいてほしい。そうでなければ、一方通行の組織運営になってしまう可能性がある。

監督の立場からすれば、コーチに意見をぶつけられて腹だたしい気分になることもある。ただ私の場合、部下に意見をぶつけられてきても、即答はしない。即答できるケースでもあえて時間を開けてから答えを出すことにしている。

監督が時間をかけて考えているという姿を、コーチにも見せなくてはいけないからだ。すべてのケースで即答していたら、意見をする前から監督の意思は決まっていたと捉えられ、コーチが考えなくなってしまう。

先発ローテーションの問題を例にとってみよう。

ローテーションの順番でいけば本当はAという投手の先発日なのに、コーチがBという投手の先発を進言してきたとする。コーチがＢという投手を推薦する理由にも納得がいき、心の中では同意しても、私はその場では答えずに、次の日にＯＫを出すことにしている。もちろん、コーチの意見を採用しない場合も同じで、翌日に「やっぱりそのままのローテーションでいこう」などと答えを出すことにしている。

その理由は一晩持ち帰って考えることで、最終的な判断は監督が下しているということを明確にするためだ。私はコーチの意見はひとまず聞く。そして最終的な判断は監督である自分がする。組織というものはすべての責任をトップが負わなければならないのだ。

## 田口を獲得した理由

オリックスに田口壮が帰ってきた。田口は１９９１年のドラフト１位でオリックスに入団。兵庫県にある関西学院《かんせいがくいん》大学の出身で、兵庫県に本拠地・甲子園球場を置く阪神タイガースも、当時ドラフト上位での指名を狙っていた。ただ、田口本人が「阪神に行きたくない10ヵ条」なるものを表明し、阪神からのドラフト指名を拒みオリックスに入団する流れとなった。

田口はメジャーリーグに挑戦するまでの１９９２年から２００１年までの10年間、オリックスでプレーしていたので、私も2年間オリックスで一緒にプレーをした。

とにかく真面目に練習に取り組む選手で、ベースランニングなどはイチローより田口のほうが速かったのではないだろうか。内野手としてプレーしていた時期もあったけれど、外野手としての適性を持ち合わせていたのだろう。

今年のキャンプイン前日の全体ミーティング。田口はオリックスの全選手を前に「俺について来い！」と自信を持って言い切った。

私は内心「たいしたもんや」と感心した。もし自分自身のプレーや動きに少しでも陰りを感じていたら、とても言い切れるセリフではない。

実際に春季キャンプで見た田口の動きも実に若々しいものであった。阪神でいえば桧山進次郎と同じ年代に当たる。

桧山は今や阪神代打の切り札であり、守備に就く機会はシーズン通してもほとんどない。しかし、田口のキャンプでの練習ぶりを見ると、「守備固めでもいけるのでは」と思えるくらい、ハツラツとした動きをしていた。

田口本人は「若手についていっているだけ」とキャンプ総括のインタビューで語っていたが、そんなことはない。40歳で若手選手と同じメニューをこなせるだけでもたいしたものなのに、自分の背中を若手選手たちにしっかりと見せて引っ張ってくれていた。

3月13日、京セラドーム大阪での巨人とのオープン戦でこんなシーンがあった。

巨人の選手が放った打球が右中間を真っ二つに破っていった。セカンドとショートが打球を追いセカンドキャンバスががら空きに。このままだと打者走者が簡単に二塁を陥れてしまう。しかし、そう思った瞬間、レフトの定位置にいた田口が全力疾走でセカンドキャンバスにベースカバーに入ってきた。当たり前のプレーといったらそれまでだが、40歳を迎える昨年までメジャーリーグでプレーできていたのは、こういった基本的なプレーを疎《おろそ》かにすることがないからなのだろう。

田口には、将来のオリックス幹部候補生としても期待をかけている。それは私の個人的な理想ではなく、オリックスにとってもそれが望ましいことなのだ。

彼は、「岡田監督の野球観を語ったら、一日では語りきれません」とマスコミに話したらしいが、それだけ私の考えを理解してくれているということだ。

今はまだ監督としての目線で野球をする必要はない。あくまでも選手としてチームの勝利のために戦ってくれればいい。ただ、これからは私が仰木監督に求められたように、「指導者的な側面」も持ち合わせながらチームとともにさらに成長してほしいものだ。田口壮はそれができる男だ。

## 査定をしっかりやることの重要性

地味で数字として残らないが、チームが勝つためには欠かせないのが「右打ち」だ。右打ちはプロの1軍選手でも皆が皆できるわけではない難しい技術だが、確実にランナーを進めるための右打ちは、バッターにとっては必ずしも喜ばしいものではない。犠牲バントなら打数は増えないので打率に影響しないが、右打ちの場合は、ランナーを進めることができても、記録上は凡打となるので、打率が下がってしまうのだ。

だからこそ、チームの首脳陣は、球団が選手の年俸を決める時の材料となる「査定」に、こういう貢献度を、しっかりと反映させなければいけない。

私が阪神の監督をしていた頃は、「あの右打ちはベンチからの指示やった」と、逐一、球団の査定担当者に報告していた。

数字に表れない貢献度。これが査定に確実に反映されているという安心感があれば、選手はチームのために犠牲になることをいとわなくなる。それが、チームの勝利にとってはものすごく大きいのだ。

阪神でも群を抜いて右打ちのうまい関本は2008年に念願の1億円プレーヤーになったが、それはサードでの守備の貢献度も評価されてのことだった。

ところが迎えた2009年の春のキャンプで、関本はサードからファーストにコンバートされた。チーム事情もあるので、コンバート自体は仕方ないことだが、関本にとっては必ずしも喜ばしいことではなかったかもしれない。ファーストは守備面で評価を上げるのが難しく、その分、査定を上げるには打撃成績を上げなければならない。関本の場合、2008年の1億円を維持するには、最低3割30本が求められたはずだ。

選手がいい個人成績を残し、より高い年俸を貰えるよう配慮してあげることも、監督の大切な仕事。だから、コンバートひとつとっても非常にデリケートな問題を含んでいるのだ。

## 越権行為はチームのバランスが崩れる

チームにおけるコーチの役割を改めて説明しておこう。

プロ野球のチームに配置されているコーチには大きく分類して、投手コーチ、バッテリーコーチ、打撃コーチ、内野守備走塁コーチ、外野守備走塁コーチ、トレーニングコーチがいる。こういったいくつかの専門分野をまとめるのが、ヘッドコーチまたはチーフコーチの責務になる。

各担当コーチは、担当選手の指導・管理を行い、それぞれが受け持つ分野の成績を上げることが第一の職責とされる。

このように専門分野ははっきりしているのだが、コーチは皆プロ野球を長く経験した人間ばかりだから、打つ、投げる、走るの基本的なことに関しては、どのコーチも指導する引き出しを持ち合わせてはいる。

ただし、専門分野を越えて、担当外の選手をあからさまに指導してはならない。越権行為となり、不協和音を生みだす元凶となるからだ。

ただ、私もコーチ時代に、越権行為に近いことをしたことがある。

2003年に阪神が優勝した年の交流戦、金本の打撃フォームが極端に悪くなった時期があった。

私は内野守備走塁コーチを担当していたので、試合中は三塁コーチャーズボックスから阪神の選手の打撃フォームを見ることになる。

あの位置から一番わかるのは、バッターボックスでの投手に対する角度だ。いつも同じ位置、同じ角度から選手の打撃フォームを見ているからこそ、わかることだ。

阪神のビジター用ユニフォームには、胸に「ＨＡＮＳＨＩＮ」のロゴが記されている。金本の場合は、そのロゴの見え方が調子のバロメーターだった。

左打者の金本は右肩の開きが早くなると、「ＨＡＮＳＨＩＮ」の最初のＨの文字が、打つ瞬間に三塁コーチャーの私から見えなくなる。

また、右打者の場合は、左肩に縫いつけられている虎のワッペンがハッキリと私に見えてしまっている時は、左肩の開きが早いという証拠だ。

そんな理由で、打者の調子の良し悪しに気付くことが多々あった。

私は内野守備走塁コーチだから、打撃に関するアドバイスを選手に直接してしまえば越権行為となる。２００３年当時の打撃コーチは田淵さんだった。

ただし金本の状態を深刻だと感じていた私は、札幌ドームに着いてから、島野ヘッドコーチにこう進言した。

「このまま放置してしまったら、金本は打てなくなります。ここでひとつアドバイスを送っておかないと、ズルズルいってしまうかもしれません」

島野コーチはこう答えた。

「よしわかった。星野監督だけには伝えておく。その代わり、金本だけを連れて行き、三塁側ブルペンに鍵を掛けて2人っきりで指導してくれ」

島野コーチは、私が金本を指導することを認めてくれたのだ。

私は三塁側ブルペンの左バッターボックスに金本を立たせ、右肩の開きが早いということだけをシンプルにアドバイスした。

だが、このようなケースは例外中の例外だ。もし、金本が大きく調子を落とせば、個人だけに止まらず、チーム全体の不振へとつながっていきかねない。

だからこそ、ギリギリのタイミングまで我慢し、越権行為にならないよう、最大限の配慮をしながらアドバイスだけしたのだ。

時折、何の気なしに、担当外の選手にアドバイスを送るコーチを見かける。野球中継を見ていても、試合中のダッグアウトでそういったシーンが映し出されることがある。

こういう姿を見かけたら、チームの歯車がずれ始めている証拠かもしれない。

## 良いコーチと悪いコーチはここが違う

こういう方法を用いれば、100パーセント選手の能力を引き出すことができるという指導方法は、この世の中には存在しない。

あの選手はこの指導方法で伸びたのに、この選手は同じ指導方法を用いてもまったく伸びないということは、よくある。打撃にしても、投球にしても、コーチが代わり、指導方針が変われば、フォームそのものを変えざるをえない場合がある。それにより調子を落とす選手もいれば、ピタリとはまり急激に成長を見せる選手もいる。

ただし、それはまだまだ成長過程にある選手にのみ当てはまる事例と言っていいかもしれない。投手でいえば、先発ローテーションに入れない、信頼される中継ぎの一角にも入れない、もしくは明日は2軍に降格するかもしれないといった立場の選手だ。

ある程度実績を残している選手には、技術的な指導はそうそうできないものだ。キャリアや実績のある選手に施していいのは、「指導」ではなく「アドバイス」。コーチが手取り足取り教えてしまうのではなく、好調時の状態をできるだけ長い期間維持するための「アドバイス」に止めておかなければならない。

コーチの能力は、はっきり数字で示される。

チーム防御率が3点台だったら、それは投手コーチが優秀だったということになり、チーム打率を2割7分以上残せば、それは打撃コーチのおかげとなる。

コーチにとっては、担当セクションのすべての数字が評価対象となる。1軍における優秀なコーチといえるか否かは、完成の域にある選手の好調な状態をどれだけ長く持続させられるかどうか、いかに的確な「アドバイス」を送ることができるかどうかにかかっている。それを統括して勝負の世界でチームを勝たせていくのが監督の仕事なのである。

また、1軍コーチより2軍コーチのほうが給料は安いが、2軍こそしっかりとした技術指導のできるコーチを配置する必要がある。

理由はいたって明白、1軍選手より2軍選手のほうが下手だから。上手くなる伸びしろが大きい分、技術指導を徹底しなければならない。

例えば、プロ野球選手の実力を10段階評価でランク付けしてみよう。1軍昇格ラインを7とする。一般的な2軍選手は4といったところか。

4を6に引き上げるのは比較的簡単だ。2軍で多少なりとも活躍するレベルだ。しかし、1軍選手の7を9に上げるのは非常に難しい。だからこそ、9になれば一流選手、10になれば超一流選手と呼ばれ称賛されるのだ。

## コーチは中間管理職

コーチというのも、なかなか一筋縄ではいかない仕事だ。監督からは常に厳しい指示を受け、選手からは不平不満をぶつけられることもある。

監督と選手の板ばさみにあうことも少なくない。会社でいうならば中間管理職ということになるのかもしれない。

この中間管理職にあたるコーチ陣が、全員同じ方向を向いているのが、チームとしては理想なのだが、現実問題、これがなかなか難しい。

今はどこの球団もそうだが、生え抜きだけでコーチングスタッフを固めているチームはない。長期的なチーム強化を考えた時、生え抜きコーチの存在は重要だが、違う球団出身のコーチも数人採用して、チーム内に配置するのが一般的だ。そうすれば、他球団の練習方法など、角度の違う情報が入ってくる。

例えば、阪神でしか野球を経験したことがないスタッフの集まりでは、これまで経験した阪神のやり方しかできないので、極端に視野が狭くなってしまう。

コーチには時に、自信を持って「監督、こうしましょう!」と進言してほしい。これは試合中だけではなく、キャンプや練習でもそうだ。こういう発言ができるか否かは、日頃自分なりに、考えを巡らせているかどうかで決まる。その中でチームの現状に照らして、ベストの選択する。

組織の中に違う風を吹き込むことは重要なことで、これによってコミュニケーションがより活発になり、組織全体が活性化していく。そこから、チームにとっては何が重要課題であるのかを監督が選択し、組織運営を進めていけばいい。

これが、監督と付き合いの長いコーチばかりだと、得てしてコーチがイエスマンになってしまい、コーチ会議を開いても意見が出なくなってしまいがちだ。

揉め事も少なく、その場は円滑に進んでいるように見えるかもしれないが、コーチ会議をしても、「こうしましょうか」「はい、分かりました」で、会議はすぐに終了してしまう。だからこそ、違う意見を持つコーチや、その意見をぶつけることができるコーチの存在が必要になってくる。

私には「コーチを育てよう」という意識はない。

コーチは技術を教える職人。どういう技術を選手に指導しておくべきかは伝えるが、コーチに私の野球を教え込むつもりはない。

「勝利」という目的を共有できていればいい。勝利が、結果的にコーチを育てることにもなるのだから。

## 経験と知識を5割ずつにできれば良いコーチ

現役を引退したばかりでキャリアの浅いコーチのほとんどは、自分の選手時代の経験を指導のベースにする。

これは決して間違いではない。どんな優秀なコーチであっても初めは、自身の経験を元にして教えていくものなのだし、かくいう私もまずはそこからスタートしている。

しかし、コーチとしての素養がある人間は、すぐに「経験則だけで指導していては駄目だ」ということに気がつく。

そこから、野球のノウハウを勉強しなおし、身につけた指導方法を、自分の経験と照らし合わせて、自分なりの指導方針を見つけることができるか、そこがコーチとして成功できるか否かの分岐点である。

コーチになってから得た指導方法、選手のタイプを見極める観察眼、そういったものを指導者としての引き出しに蓄えていき、経験則5割・新たな引き出し5割にできたコーチが、チームには欠かすことのできない優秀なコーチとなるのである。

しかし、そうなれる人間は多くない。原因はひとつ。選手時代のプライドが邪魔をするのである。

誰しも、自分の間違いを認めたくないし、自分の経験を否定したくないものだ。自分が経験してきたことと違う考え方を認めることは、自分の生きてきた道を否定することになると感じてしまうのだろう。

先述したとおり、私がオリックスの2軍で指導者としてスタートした時は「1軍のプロ野球選手としては間違いなく大成しない」。そう思わざるをえないレベルの選手たちとも真正面から向き合ってきた。

私はそこで、すぐに自分の基準としている野球理論をそのまま押し付けても無理だ、ということを悟ることができた。

2軍から指導者としてのキャリアをスタートさせたことで、「指導者としての目線を下げること」「要求するレベルを下げること」こういった作業がスムーズにできたのだ。

半ば諦めの心境にも近かったが、オリックスでの指導者としての最初の2年間で、自分の経験則を押し付けず、選手のレベルに合わせた目線を持てたことが、客観的な視点を作ってくれた。

## コーチの発言の難しさ

冒頭にも書いたが、２００８年の阪神監督時代、ある打撃コーチが一部の選手たちに「ここまできたら交流戦で優勝しよう」と発言したことがあった。

その日、宿舎にチームバスが着いたのは、夜中の12時頃だったと思うが、私はすぐにコーチ会議を開いた。そして私は「もし、優勝しようと言うなら、選手全員の前で言え」と、怒気を含んだ口調で伝えた。

もちろん、優勝を目指すのは悪いことではない。しかし、その打撃コーチは野手だけを集めたミーティングで発言をしていたのだ。

優勝というのは、投手と野手の両方の力がかみ合ってこそできるもの。優勝を目指すと言い切るのなら、投手も含めた全員の前で発言しなければ投手陣に失礼である。

果たして、短期間の交流戦だけとはいえ、打者だけで打ち勝って優勝することはあるのだろうか。答えは１００パーセント「ＮＯ」である。

打者が９点取っても、投手が10点失えばチームは負ける。

私は「そんな発言を繰り返してると、そのうち投手が大量失点し、いくら打線が打っても追いつかなくなるぞ」とミーティングの最後を締めた。

結論から先に申し上げよう。翌日からのロッテとの2連戦、阪神投手陣は崩壊した。2試合合計で20失点。

コーチが配慮を欠く発言をするとチームは暗転してしまうことがある。首脳陣の発言は思慮深いものでなければならない。言葉とは実に重みのあるものなのである。

コーチだって懸命に働いているのだから、試合に関する勝ち負けや、あといくつ勝てば優勝できる、などと考えて当然だ。ただしコーチが、チームの勝ち負けに関して公の場で発言してはいけない。

コーチにはそれぞれの担当セクションがある。すべてのセクションが機能し、うまく回っていればいいが、なかなかそうはならない。

投手陣が抑えているのに、打者がまったく打てない時期もあれば、またその逆もある。

試合が終わればどちらかのチームに勝ちがつき、どちらかのチームに負けがつく、その責任はすべて監督がとるもの。だから、勝つとか、優勝するとかをコーチが公の場所で発言する必要はないのだ。

## 選手をちゃん付けで呼ばない

ある年のキャンプにおけるコーチ会議でのこと。

濱中のことを「濱ちゃん」と呼んだコーチがいたので、私は「ちゃん付けで選手の名前を呼ぶな」とたしなめたことがあった。

「濱ちゃん」は、濱中がファンから愛されていることの証明ともいえる、新聞の見出しにも使われるほど定着した愛称だが、公の場でコーチが使うのは、選手を一人前として認めていないことの証ではないかと感じたのだ。

一般的にもそうではないだろうか。相手をちゃん付けで呼ぶシーンに遭遇すると、よそよそしくなく、それでいて馴れ馴れしくもなくというニュアンスで呼んでいるのだろうが、どうしても自分の目線より下においているように聞こえてならない。

2軍から1軍に上がった時の井川慶もそうだった。

井川は、最初は「だっぺ」というニックネームで呼ばれていた。

茨城弁の語尾に用いられる「～だっぺ」を取って、誰が呼び始めたのか、入団間もない頃からそう呼ばれていた。

しかし、シーズン20勝をマークし、エースへの道を歩み始めると、チーム内で彼を「だっぺ」と呼ぶ者はいなくなった。

阪神・金本は「アニキ」というニックネームでファンの皆さんから愛されている。この「アニキ」というネーミングは、金本自身が醸し出す雰囲気と、ファンの皆さんが自分たちの頼れる「アニキ」という意味合いで、期待を込めて呼んでいるものだと思う。

それでも、コーチ陣が金本に対して「アニキ」と呼んでいる姿を見たら、皆さんはどう受け取るだろう。明らかにコーチ陣の金本への対応の軽さを感じるはずである。

もちろん、誰もアニキとは呼ばない。だが、それは金本自身が残してきた実績と存在感の大きさがそうさせないのである。

愛称で呼ぶコーチにも責任はあるが、そう呼ばせてしまう選手にも責任はあるのだ。

**報告・連絡・相談**

ホウ（報告）レン（連絡）ソウ（相談）はどんな分野においても組織運営を円滑に運ぶための大切な要素である。

私はいつも選手たちには、「トレーナーに報告して、コーチに相談しろ」と言う。

トレーナーは選手のコンディションを100パーセントに近い状態にして、試合に出場させることが最大の使命である。

例えば、トレーナーが「コンディションが戻っていないので、打撃練習メニューを2割減らしてほしい」と言ってくることがある。だが、練習メニューを調整するのはコーチの仕事だ。技術の分野に、トレーナーが踏み込んではいけない。

トレーナーは試合に出場できる状態にまで選手のコンディションを高め、その後の技術面の調整は、コーチに託さなくてはならない。

また、肩やヒジを故障した選手がいた場合、トレーナーが「キャッチボールをしてから肩の状態を最終判断します」などと言うケースもある。しかし、回復具合をトレーナーに判断することができるのか、と私は疑問に思う。ボールの正しい回転の見極めや、フォームのチェックはあくまでコーチの仕事だし、トレーナーに判断がつくものではないはずだからだ。

トレーナーにとって大事なのは、どのタイミングでコーチに選手を託し、技術練習に進むゴーサインを出すか。そこに尽きる。

こういった役割をチーム内で鮮明にしておかないと、故障をした選手がトレーナーに相談すべきか、コーチに相談すべきかを悩んでしまうことになるし、トレーナーとコーチの任務の線引きができなくなってしまう。

トレーナー陣、コーチ陣それぞれのトップがしっかりしていると、いい関係をしっかりと構築できる。そうなれば、おのずと強い組織になっていくのである。

## 対応しきれなかった、新井のケガ

選手のコンディションをコントロールしきれずに、チームが大きな痛手をこうむってしまったのが、2008年の新井の長期離脱だった。

新井は、その年の北京オリンピックに日本の4番として出場していた。

しかし、オリンピックに参加する前から、新井の腰の状態は芳しくなかった。

阪神でSDを務める星野さんが代表監督を務めることも考慮し、私はオールスターゲーム前最後の公式戦で、新井には腰への負担を軽減するための最大限の配慮をした。

オリンピック後の後半戦では、新井を5番として起用し、優勝争いのキーマンとなってもらおうと腹を決めていたからだ。

新井にとっては、広島からFAで阪神に移籍して1年目のシーズンだった。

開幕からは3番を打たせ、重圧のかかる5番には起用しなかった。阪神の5番は特別である。押しも押されもせぬ不動の4番打者・金本の後ろを打つことになるからだ。

相手投手が金本との勝負を避け、5番打者との勝負を選択する。そんな場面が頻繁に訪れる。そのチャンスで打てなければ4万5000人の大観衆から大ブーイング。翌朝のスポーツ紙1面では戦犯扱いで特大の写真入り記事が掲載される。

日本全体の期待を背負っているとはいえ、短期間ですむオリンピック日本代表の4番よりも、重圧がはるかにのしかかるといえるかもしれない。

もちろん打てば「神様」として祭り上げられる。5番として147打点を記録し、優勝に貢献した2005年の今岡がそうだった。5番とは難しい打順であり、私自身も嫌というほど経験してきたからわかるのだ。

しかし、新井を5番に据える構想は、実現しなかった。北京オリンピックで腰椎《ようつい》を骨折してしまったからだ。

ただ、私は「新井は帰国しても試合には出場できないかもしれん」と薄々感じてはいた。新井はオリンピックの期間中も、金本には逐一、電話連絡を入れ、代表の様子や腰の状態を報告していた。私は、痛み止めの注射を打っていたことも金本から確認していた。

私は、阪神のトレーナーにこう言っておいた。

「オリンピックでフルイニング出場している姿を阪神ファンもしっかりと見とる。ましてやホームランまで打っとる。間違いなく新井は元気なんやという印象しか残っていない。日本に帰って首位を走る阪神の試合に、腰が痛いから出場できませんでは阪神ファンも納得せんぞ」と。

同じ日本代表メンバーのロッテの西岡やソフトバンクの川﨑は、ケガの状態を考慮した使われ方をしていた。それならば、ファンの方々も体調が優れないんだという目で見てくれる。もし帰国してから戦列復帰できなかったとしても、オリンピックにも出場できないのだから、仕方がないと思える。

でも新井は同じケガを抱えながら、4番としてフル出場していた。

実は阪神は、新井専属のトレーナーを北京に帯同させていた。新井の状態を管理するためだけに帯同しているのに、悪化させていたら、何のために行っていたのかといわれても仕方がない。他の選手のケアを外してまで新井一人のケアを優先させたのに、これではまったく意味がなくなってしまう。

代表監督を務めた星野SDからは、新井の現地での状況など詳細な報告は最後までなかった。状況はすべて把握できているから、そのためだけに、星野SDを訪ねる必要もない。スケジュール上、北京オリンピックが開催されることなどは日本国民の誰もがわかってはいたことなのだが、阪神にはあまりにも大きな痛手となった。

## 基本的に、選手と食事はしない

オフクロは、私の人生の分岐点の判断や行動を見て、「あなたはお父さんとやっていることがよう似てる」と、しばしば言う。

野球に関係していることだけではなく。日頃の人間関係の作り方とか、お金の使い方もそうらしい。

意識してオヤジを目指したつもりはないが、知らず知らずのうちに、いつも背中を見てきたオヤジの存在が影響していたのかもしれない。

オヤジは「俺が子供を育てる」と言って、子供の頃からどこへ行くにも私を連れて歩いていた。飲み屋にも競馬場にも。

その影響で小学生の頃、私は競馬のGIレースをスポーツ紙の競馬欄だけを頼りに1人で予想し、それを1年間続けたことがあった。自分で言うのもなんだが、その頃から勝負勘が良く、もしお金を賭けていたらその収支は黒字になっていたはずだ。

島倉千代子さんの楽屋にもちょくちょく連れていってもらい、ある時など週刊誌に「島倉千代子の隠し子」として掲載されてしまったこともあった。

指導者になり、オリックスの2軍が優勝した時、私は三宮で若手選手40人余りと大騒ぎをしたことがある。

オリックスは、当時2軍が優勝しても褒美のような祝賀会などはなかったから、コーチの私が陣頭指揮を執った。まず、焼き肉店で優勝を祝して乾杯。若い選手ばかりだからとにかくよく食べ、よく飲んだ。そのまま2次会にも繰り出した。

なんでそこまで他人様にお金を払ってあげるのかと思われるかもしれない。

しかしオフクロは、「お父さんもあなたも、使ったお金がすべて無駄になってない。家が一軒建つほどの散財はしているかもしれないが、お金を使った時間で、人脈という大切な財産を残している」とも話していた。

私は周囲にご馳走した分を何かで返してもらおうなどと考えたことはない。自然とそういう行動をしていただけのことだ。

2軍監督時代は、グラウンドを離れている時間でも、何か選手にプラスになることがあれば伝えてあげたいと思い、選手と接する時間をできるだけ作ってきた。

技術的なことだけではなく、プロとしての心構えや、立ち居振る舞いも教えていかなければいけないと考えていたからだ。パチンコの軍資金まであげたこともあったくらいだ。

しかし、1軍監督になってからは、選手と食事をしたことはない。これは、監督たるもの、選手との間に一線を引いておかなければいけないからだ。

グラウンドでも特定の選手へのアドバイスはしないようにしている。

誰が見ても調子を落としている選手や、壁にぶつかっている選手がいれば、担当コーチを呼んで矯正すべきポイントを伝える。

私がグラウンドで直接指導すると、「あの選手には教えて、自分には教えないのはなんでや」と、拗《す》ねてしまう選手が出てくる可能性がある。

例えば、ひとつのポジションを懸けてレギュラー争いをしている2人の選手がいて、その片方にだけ教えたら、いわゆる「えこ贔屓」をしていると、とられかねない。

私はグラウンド上で、基本的に技術面には一切関与しない。

だからこそ私が直接指導を行う時は、最終勧告を意味している。

２００８年のシーズン中に、外国人選手のフォードを室内練習場に連れて行ったことがある。

それは暗に「これで打てなかったら終わりやぞ」というメッセージでもあった。

ただ、そういった手段を講じる時は、必ず報道陣の目に付かないよう室内練習場でやる。その選手が追い詰められていることを、わざわざ知らせる必要はないのだから。

つまり、2軍監督と1軍監督では考え方も、仕事のやり方もまったく違うということなのだ。それは最終目的が違うからにほかならない。

それは、1軍は勝つこと。2軍は育てること。

私自身、現役時代に監督と食事に行った記憶があるのは、オリックス時代の仰木監督だけかもしれない。オリックスでの選手2年目の1995年は、「もう岡田もコーチ会議に加われ」などと言われており、指導者に片足を突っ込んでいた頃だということもあるだろうが。

振り返っても、私が接してきた1軍監督で、選手を誘って食事に行った人は一人もいない。

## 選手に辞めろと言う時の難しさ

選手に「引退してくれ」と伝えるのは、胸を締め付けられるほど苦しい決断だ。

1軍選手はまだいい。甲子園球場の華やかな舞台で引退試合を準備してもらえる選手もいるし、引退会見に球団事務所やホテルを用意してもらえる選手もいる。ある程度実績を残しキャリアを重ねてからの引退ならば、「潮時かな」とも思える。

一番つらいのは、2軍選手を辞めさせる時だ。志半ばで引退させなければならないのだから。

近年、12球団合同トライアウトも開催されている。

私は個人的には、このトライアウトのシステムには基本的に反対だ。

現在のプロ野球は、編成担当や調査担当のスタッフが1軍選手はもちろん、2軍選手のケガの状態まで、すべてのプロ野球選手に対して綿密な調査を継続して行っている。

だから、改めてトライアウトをしたところで、新しい発見があるとは考えにくい。そういう意味では、テストをやる必要性は極めて低いと言わざるをえないのだ。

トライアウトがあるとなれば、現役を続けたくて藁《わら》にもすがる思いの選手は、喜んで参加するに決まっている。しかし結果的には、単なる見世物で終わってしまう可能性が非常に高く、個人的にはいたたまれない気持ちになってしまう。

昨年のトライアウトにも58人が参加したが、再入団できたのは阪神を解雇になってロッテに入団した今岡を含め、4人だけだった。

ただ現在は、韓国や台湾、アメリカの2Aや1A、ルーキーリーグなど、日本のプロ野球よりも低いレベルのチームのスカウトたちも来ているので、日本以外での働き場所を見つけるきっかけになっているのも事実だ。トライアウトからの行き先は韓国が一番多いだろうか。

## 外国人選手のコントロール法

2007年、阪神にボーグルソンという投手がいた。

ボーグルソンは良いボールは投げるのだが気性が荒く、先発をしても打順2回り目には必ず捕まってしまう堪え性のない外国人投手だった。

打たれて戻ってくると、ベンチ裏で荒れて、壁に物を投げつけたりするから、いつもしばらくは手が付けられなかった。

しかし、私はあえて見て見ぬふりをしていた。

それは、すべては彼のアピールだとわかっていたからだ。打たれてベンチでシュンとしているよりは、悔しさを前面に出したほうが、次回への期待感を首脳陣が抱いてくれるだろう、という彼の計算が透けて見えていた。

甲子園でヤクルト相手にボーグルソンがふらふらになりながらも勝ったゲームがあった。私は試合後に「ボーグルソンは明日から2軍に行かせろ」と担当コーチに指示を出した。

翌日、夜中の12時を少し過ぎた頃に、コーチから私の携帯に連絡が入った。「ボーグルソンが納得がいかないから、アメリカに帰国すると言ってきかない」と言うのだ。コーチはボーグルソンの対応に苦慮していた。

投手の中には、内容はさておき、勝てばそれでOKと思うタイプがいる。ボーグルソンもその一人だったのだろう、「勝利投手になったのになんで2軍落ちなんだ」と反発したのだ。「それなら帰国させろ」と私は即答した。

2軍に喜んで行く選手など誰もいない。そういう気持ちになるのは仕方ないが、ボーグルソンの場合は、内容も良くないうえに、そのまま1軍に残したら、チーム全体に悪影響を及ぼしかねなかった。

次のカードとなる広島遠征では、別の外国人投手のダーウィンを1軍に昇格させて先発させる予定を組んでいたし、ダーウィンにも先発予定をすでに告げている。

結局、渉外担当もサジを投げてしまったため、私がボーグルソンと電話で直接話をすることになった。しかし、最終的には、ボーグルソンを1軍に残さざるをえなくなってしまった。契約上の問題があって、もしボーグルソンの帰国を許してしまったら金銭面でこじれてしまう可能性があったのだ。

案の定、その後チームは9連敗。

外国人選手の扱いの難しさは選手時代から実感していたが、この時もそれでだいぶ痛い目にあった。

## マスコミを「育てる」ことの意味

マスコミとはうまく付き合わなくてはいけない。マスコミには私を利用してもらって構わないと思っているし、私もマスコミを利用することがある。

私は選手にとってプラスに作用すると判断した情報は、積極的にマスコミに話す。ポジティブな情報が世間に流れれば、選手の評価は当然上がる。不思議なもので、世間から評価されることで、実力がついてくる選手が少なくないのだ。

ただしひとつだけ気をつけなければならないのは、評価の上昇に実力が伴わず、勘違いをしてしまう選手もいるということ。

特に阪神はそれが顕著なチームだった。選手の実力以上に人気が先行するケースが多く、

「俺はスター選手の仲間入りをした」と、勘違いしてしまうケースが少なくなかった。

今回、オリックスの監督に就任するにあたり、マスコミとの対応の仕方については、キャンプ前からあれこれ思案をめぐらせていた。

阪神の時は、選手時代からの付き合ってきた流れもあり、担当記者との接し方もある程度は、想像することができた。

しかし、オリックスに来て、若い担当記者との一からの付き合いが、どのような形になるのか、まるで想像もつかなかった。ただ、ひとつだけ決めたことがあった。それは、「若くて芯のある記者には、『いろは』の〝い〟から野球を教える」ということだ。

オリックスの情報を世の中に発信してくれるのは、他でもない担当記者。それならば、しっかりとした野球観をベースにした記事を書いてほしいと思ったからだ。

記者の皆さんを成長させようなどという考え方はおこがましいのかもしれないが、オリックスの若い選手たちと同様に、マスコミの皆さんも一緒に成長してほしい。それが、チームを強くすることにつながると信じている。

## 「お前たち優勝したいんやろ？」

阪神は、戦力的にも、またチームをとりまく状況も、常に優勝争いが義務付けられている球団だった。

オリックスの監督に就任して、キャンプイン前日の全体ミーティングで私は選手たちにこう問いかけた。

「お前たち優勝したいんやろ？　だったら経験させたる！　選手の皆は自分たちの持っている力をそのまま出してくれればええ」

選手の瞳は少年のように輝いていた。あの目を見た時、「このチームの選手たちは、勝つことに飢えていたんや。勝ちたかったんや」と、確信を持つことができた。

優勝を目指しているのはどこのチームも同じだ。しかし、その確率は6分の1しかない。数字上はどのチームにも可能性はあるが、この6分の1を摑み取る道中は、長く険しい。

クライマックスシリーズに出場できる3位以内に入る、というのもひとつの目標ではあるが、優勝争いを展開した末の3位以内でなければ意味はない。

それは阪神時代に苦汁をなめさせられたシーズンを何度か経験したからわかる。もし優勝を逃したとしても、あの逃げ出したくなるような状況でプレーすることは、選手たちにとって大きなプラスになる。

優勝争いを経験しないまま、最終的にスルッと3位以内に入ったチームには、本当の意味でのチーム力が備わっていない。

最初から目標設定を3位以内としているチームは、それなりの戦い方しかしないし、おそらくシーズン終盤の3位以内を懸けた試合に敗れ、ここ一番で3位以内を逃してしまうであろう。

## 不動の戦略への序章

阪神を率いていた今までの開幕と比べて、今年の開幕は、正直に言って期待よりも不安のほうが大きかった。

現在の阪神のように、ある程度の戦力と経験があり、計算ができるチームはいいが、今年のオリックスは開幕カードで3連敗すると、歯止めが利かずに連敗街道に入ってしまう可能性も秘めていた。

だから、1軍監督に就任して初めて「開幕ダッシュが必要や」と、何度も口にしていたのだ。

今のオリックスのコーチも選手も、優勝ラインとなるシーズン80勝を経験したことがないので、そのラインに到達するために、どのようにシーズンを戦っていけばいいのかを理解していない。だから開幕カードが重要だった。

2007年の阪神は、5月の段階で借金9だったが、一時期とはいえシーズン終盤には首位に立ち、最終的には74勝に到達している。それは首脳陣と選手双方が年間80勝の野球を理解していたからだ。そこに至るまでに何が必要で、どういう意識を持って準備をしていけばいいのかを選手それぞれも理解していた。

今のオリックスの選手の経験値だと、借金が9になったら「今年も駄目なんか……」となってしまいかねない。借金が2桁になれば現実的には巻き返していくことが厳しくなる。気力が萎え、反発力は失われる。

阪神の監督を務めていた頃は、試合前の準備を大切にし、試合中は極力動かないように努めてきた。それが私の野球哲学だからだ。

しかし、今年のオリックスについては、この限りではない。かたや優勝争いの常連チームで、かたや万年Bクラスとまで揶揄されたチーム。まったく同じ手法を用いて勝てるわけがない。9回3死、試合終了まで試合を捨てさせないこと。そのために、私は悪い流れになれば、積極的にメンバーを替えていくこともあるだろう。

ベンチを温めている選手は試合に出場したいという意欲に満ち溢れているから、常にモチベーション高くプレーしてくれる。

同時に、スタメン出場している選手にも一打席一打席を大切にする気持ちを植え付けなければならない。弱いチームは負けている時ほど選手を替えて戦っていかなければならない。

今年、選手会長でこれまで正捕手だった日高が、2軍落ちを経験した。ケガ以外での2軍落ちは初めてのことだという。チーム内外に衝撃が走ったようだが、調子が悪ければ2軍で調整するのは当たり前のことである。

今年のオリックスは、常に総力戦になる。

しかし、私の根底にある哲学は崩れていない。最後は、私の哲学を貫いて、オリックスを優勝させてみせる。今はその序章にすぎない。

# 著者略歴

## 岡田彰布

おかだ・あきのぶ

１９５７年、大阪府生まれ。北陽高校1年時に、夏の甲子園出場。76年に早稲田大学に進学、1年秋からレギュラーとして活躍、主将も務める。80年、ドラフト1位で阪神タイガースに入団。1年目から二塁手として活躍し、新人王に輝く。85年、ランディ・バース、掛布雅之とクリーンアップを組み、打率3割4分2厘、35本塁打、１０１打点を記録。阪神を21年ぶりのリーグ優勝、さらに悲願の日本一に導く。92年、日本プロ野球選手会会長として、ＦＡの導入に尽力する。94年、オリックス・ブルーウェーブに移籍し、95年に現役を引退。96年、オリックスの2軍で指導者人生をスタート。98年、2軍打撃コーチとして、阪神に復帰。99年、2軍監督に。２００３年、1軍の内野守備走塁コーチに就任。04年、阪神の第30代監督に就任し、05年にセ・リーグ優勝を果たす。08年、阪神の監督を退任。野球評論家に転身。10年、オリックス・バファローズの監督に就任。

幻冬舎新書 177

# 動くが負け

## 0勝144敗から考える監督論

二〇一〇年七月三十日 第一刷発行
二〇一三年九月 十 日 第四刷発行

著者 岡田彰布

発行人 見城 徹
編集人 志儀保博
発行所 株式会社 幻冬舎
〒一五一-〇〇五一 東京都渋谷区千駄ヶ谷四-九-七
電話 〇三-五四一一-六二一一(編集)
〇三-五四一一-六二二二(営業)
公式HP https://www.gentosha.co.jp/
ブックデザイン 鈴木成一デザイン室
印刷・製本所 中央精版印刷株式会社



Printed in Japan ISBN978-4-344-98178-2 C0295
お-8-1

*この本に関するご意見・ご感想は、左記アンケートフォームからお寄せください。
https://www.gentosha.co.jp/e/

## 幻冬舎新書

井口資仁
### 二塁手論
現代野球で最も複雑で難しいポジション

見栄えに拘っているうちは一流にはなれない。視点を変えて目標を細分化し、地味な結果をひとつひとつ積み上げていくことが、実は成功への最短距離なのだ。目から鱗の成功バイブル！

宮本恒靖
### 主将論

主将は、独立意識の強い選手たちを一枚岩にする大変難しい仕事だ。二度のW杯で、中田英寿、中村、小野らスター選手を束ねてきた著者による、個を連動させ組織力を倍増する献身的リーダー論。

石原慎太郎
### 真の指導者とは

現代社会の停滞と混迷を打開できる「真の指導者」たる者の思考、行動様式とはいったい何か。先達の叡智、言動、知られざるエピソードをもとに、具体的かつ詳細に説き明かす究極のリーダー論。

平井伯昌
### 見抜く力
夢を叶えるコーチング

成功への指導法はひとつではない。北島康介と中村礼子の人間性を見抜き、それぞれ異なるアプローチで五輪メダリストへと導いた著者が、ビジネスにも通じる人の見抜き方、伸ばし方を指南する。

## 幻冬舎新書

朝原宣治
### 肉体マネジメント

36歳の著者が北京五輪で銅メダルを獲得できた秘密は、コーチに頼らない、卓越したセルフマネジメント能力にあった。日本最速の男が、試行錯誤の末に辿り着いた「衰えない」肉体の作り方。

斉須政雄
### 少数精鋭の組織論

組織論の神髄は、レストランの現場にあった！ 少人数のスタッフで大勢の客をもてなすためには、チームの団結が不可欠。一流店のオーナーシェフが、最少人数で最大の結果を出す秘訣を明かす！

田中和彦
### 威厳の技術［上司編］

上司は、よく「最近の若者は……」と部下の愚痴をこぼすが、原因は、威厳を失い、尊敬されなくなった上司のほうにこそある。部下からの評価を上げ、マネジメントしやすくなる8つの技術とは？

小笹芳央
### 会社の品格

不祥事多発にともない、会社は「品格」を問われているが、会社を一番知っているのは「社員」だ。本書では、組織・上司・仕事・処遇という、社員の4視点から、企業体質を見抜く！

## 幻冬舎新書

榎本秋
### 戦国軍師入門

「戦争のプロ」のイメージが強い戦国軍師だが、その最大任務は教養・人脈・交渉力を駆使し「戦わずにして勝つ」ことだった！　一四の合戦と一六人の軍師の新解釈から描き出す、新しい戦国一〇〇年史。

東国原英夫
### 知事の世界

瀕死の自治体であった宮崎県が、東国原知事の誕生で息を吹き返した。観光客、県産品の売上は増加し、県職員の士気も上がっている。知事のもつ影響力とは何か？知事の全貌がわかる！

松本順市
### 「即戦力」に頼る会社は必ずダメになる

「即戦力急募」——こんな広告を出す会社は、業績もふるわず、社員の給料も低いまま！　気鋭の人事コンサルタントが、急成長企業に共通する「教え合い制度」の効用を伝授。成果主義に代わる新機軸がここに。

山本ケイイチ
### 仕事ができる人はなぜ筋トレをするのか

筋肉を鍛えることは今や英語やITにも匹敵するビジネススキルだ。本書では「直感力・集中力が高まる」など筋トレがメンタル面にもたらす効用を紹介。続ける工夫など独自のノウハウも満載。

# 幻冬舎新書

山﨑武也
## 人生は負けたほうが勝っている
格差社会をスマートに生きる処世術

弱みをさらす、騙される、尽くす、退く、逃がす……あなたはちゃんと、人に負けているか。豊富な事例をもとに説く、品よく勝ち組になるための負け方人生論。妬まれずにトクをしたい人必読！

西野仁雄
## イチローの脳を科学する
なぜ彼だけがあれほど打てるのか

現在、世界最高のプロ野球選手であるイチローのプレーを制御する脳は、一体どうなっているのか？　彼の少年時代から現在までの活躍を追いながら人間の脳の機能が自然にわかる、もっともやさしい脳科学の本。

中村俊輔
## 察知力

自分より身体能力の高い選手と戦うには、相手より先に動き出すこと。それには、瞬時に状況判断をして正解を導く「察知力」が必須。中村俊輔はこの力を磨くために独自のサッカーノートを活用していた。

手嶋龍一　佐藤優
## インテリジェンス　武器なき戦争

経済大国日本は、インテリジェンス大国たる素質を秘めている。日本版NSC・国家安全保障会議の設立より、まず人材育成を目指せ…等、情報大国ニッポンの誕生に向けたインテリジェンス案内書。

# 幻冬舎新書

アダム徳永
## 出世する男はなぜセックスが上手いのか？

仕事で成功する鉄則は、女を悦ばせる秘訣でもあった！〝スローセックス〟を啓蒙する著者が、仕事とセックスに通底する勝者の法則を解説。具体的ノウハウを満載し、性技の道を極める一冊。

大林宣彦
## なぜ若者は老人に席を譲らなくなったのか

大人を尊敬できない子供と、子供を尊重できない大人の増加が、人心の崩壊を加速させている。すべての責任は我々大人にある。子供の心を尊重しつつ、日本古来の文化を伝えていこう。

金森秀晃
## 脳がめざめる呼吸術

人は障壁を感じると、呼吸が浅くなり、普段の10％程度の力しか発揮できなくなる。だがたった3分間の訓練で逆腹式呼吸ができるようになれば、脳は限界を超えて潜在能力をフルに発揮する！

小泉十三
## 頭がいい人のゴルフ習慣術

練習すれどもミスを繰り返すのはなぜなのか？　アマチュアの著者が一念発起、本格的なレッスンを受け、プロの名言に触発されつつ、伸びる人の考え方を分析。あなたの上達を妨げる思い込みを覆す！